Carl-Auer

Systemische Horizonte – Theorie der Praxis

Herausgeber: Bernhard Pörksen

»Irritation ist kostbar.«
Niklas Luhmann

Die wilden Jahre des Konstruktivismus und der Systemtheorie sind vorbei. Inzwischen ist das konstruktivistische und systemische Denken auf dem Weg zum etablierten Paradigma und zur *normal science*. Die Provokationen von einst sind die Gewissheiten von heute. Und lange schon hat die Phase der praktischen Nutzbarmachung begonnen, der strategischen Anwendung in der Organisationsberatung und im Management, in der Therapie und in der Politik, in der Pädagogik und der Didaktik. Kurzum: Es droht das epistemologische Biedermeier. Eine Außenseiterphilosophie wird zur Mode – mit allen kognitiven Folgekosten, die eine Popularisierung und praxistaugliche Umarbeitung unvermeidlich mit sich bringt.

In dieser Situation ambivalenter Erfolge kommt der Reihe *Systemische Horizonte – Theorie der Praxis* eine doppelte Aufgabe zu: Sie soll die Theoriearbeit vorantreiben – und die Welt der Praxis durch ein gleichermaßen strenges und wildes Denken herausfordern. Hier wird der Wechsel der Perspektiven und Beobachtungsweisen als ein Denkstil vorgeschlagen, der Kreativität begünstigt.

Es gilt, die eigene Intelligenz an den Schnittstellen und in den Zwischenwelten zu erproben: zwischen Wissenschaft und Anwendung, zwischen Geistes- und Naturwissenschaft, zwischen Philosophie und Neurobiologie. Ausgangspunkt der experimentellen Erkundungen und essayistischen Streifzüge, der kanonischen Texte und leichthändig formulierten Dialoge ist die Einsicht: Theorie braucht man dann, wenn sie überflüssig geworden zu sein scheint – als Anlass zum Neu- und Andersdenken, als Horizonterweiterung und inspirierende Irritation, die dabei hilft, eigene Gewissheiten und letzte Wahrheiten, große und kleine Ideologien so lange zu drehen und zu wenden, bis sie unscharfe Ränder bekommen – und man mehr sieht als zuvor.

Bernhard Pörksen, Professor für Medienwissenschaft an der Universität Tübingen

Wahrheit ist die Erfindung eines Lügners

Heinz von Foerster/Bernhard Pörksen

Gespräche für Skeptiker

Dreizehnte Auflage, 2022

Themenreihe »Systemische Horizonte«
hrgs. von Bernhard Pörksen
Umschlaggestaltung: Uwe Göbel
Satz: Paul Richardson
Printed in Germany
Druck und Bindung: CPI books GmbH, Leck

MIX
Papier aus verantwortungsvollen Quellen
FSC® C083411
CPi klimaneutral
Mehr Bäume.Weniger CO_2

Dreizehnte Auflage, 2022
ISBN 978-3-89670-646-1 (Printausgabe)
ISBN 978-3-8497-8387-7 (ePUB)

Bibliografische Information der Deutschen Nationalbibliothek:
Die Deutsche Nationalbibliothek verzeichnet diese Publikation in der Deutschen Nationalbibliografie; detaillierte bibliografische Daten sind im Internet über http://dnb.d-nb.de abrufbar.

Informationen zu unserem gesamten Programm, unseren Autoren und zum Verlag finden Sie unter: **https://www.carl-auer.de/**
Dort können Sie auch unseren Newsletter abonnieren.

Carl-Auer Verlag GmbH
Vangerowstraße 14 · 69115 Heidelberg
Tel. +49 6221 6438-0 · Fax +49 6221 6438-22
info@carl-auer.de

Für Mai und Julia

Inhalt

Ein Vorwort in drei Abschnitten

I Erfindung

Wenn es keine Lüge gäbe, wäre alles, was gesagt wird, wahr. Aber mit Occhams semantischem Rasiermesser braucht das, was für alles gilt, nicht genannt zu werden. So kommt die Wahrheit erst zustande durch den Lügner: „Wahrheit ist die Erfindung eines Lügners."

Ich war ganz stolz auf diese Einsicht und eilte zu einem Philosophenfreund, um ihm von meiner Entdeckung zu erzählen: „Du bist ein halbes Jahrtausend zu spät, mein lieber Heinz", sagte der und verwies mich auf Nikolaus von Kues.

„Wieso der?" wollte ich wissen.

So lernte ich, daß es in der Unendlichkeit des Reiches Gottes keine Lüge gibt: Alles ist wahr. Aber alles ist wahr, weil es keine Lüge gibt. Um das verständlich zu machen, gibt uns Nikolaus von Kues eine Metapher: Man stelle sich einen Kreis mit endlichem Durchmesser vor und erlaube dem Kreis, sich zu vergrößern und zu vergrößern und zu vergrößern, bis der Durchmesser unendlich groß wird: Dann wird der Umfang zur vollkommenen Geraden. Ein unendlicher Kreis ist identisch mit einer geraden Linie! Die Gegensätzlichkeiten, Teil und Gegenteil, die fallen hier zusammen: Es ist die Coincidentia oppositorum.

II Magie

Im Frühjahr des Jahres 1994 war ich eingeladen, den Eröffnungsvortrag beim 14. Weltkongreß für Soziale Psychiatrie in Hamburg zu halten. Ich fragte mich: „Was kann ich schon Experten der sozialen Psychiatrie erzählen, was sie nicht selber wissen? Wie kann ich einen Einstieg in diese Welt finden?"

Zu meinem Glück hat mir das Thema dieses Kongresses den Schlüssel zu meinem Vortrag gegeben. „Abschied von Babylon", so hieß es, also Abschied von Verfall und Verwirrung in der Sprache.

Aber was ist Sprache? Wie wird Sprache zur Arznei – zur einzigen Arznei – im Rahmen einer sozialen Psychiatrie?

Ich versuchte das in meinem Vortrag anzudeuten: „Bedenken Sie doch das völlig Rätselhafte, was da vor sich geht, wenn wir sprechen. Hier hören Sie mich ein paar Grunz- und Zischlaute von mir geben, indem ich Luft durch meine Stimmritzen pumpe, und nach einiger Zeit werden einige von Ihnen vielleicht freundlich mit dem Kopf nicken und meine Grunz- und Zischlaute interessant finden, andere den Kopf schütteln und alles für Unsinn halten."

Ich behauptete dann, daß wir nicht die leiseste Ahnung von dem haben, was da vor sich geht, und nannte daher meinen Vortrag: „Die Magie der Sprache und die Sprache der Magie".

III Gespräch

Ein Weltkongreß für soziale Psychiatrie, der über 3 000 Hörer aus aller Welt anlockt, verdient die Aufmerksamkeit der Presse, und vom Eröffnungsredner dürfte man wohl das Meiste über diesen Kongreß erfahren können. So sandte mir das Hamburger Sonntagsblatt einen jungen Mann in mein Hotel, dem ich während meines Frühstücks ein Interview geben sollte.

Ich sehe solchen Gelegenheiten mit unguten Gefühlen entgegen, denn meistens haben die Fragen wenig mit dem zu tun, worum es sich handelt, und wenn man dann später die „eigenen" Antworten zu lesen bekommt, haben die noch weniger mit dem zu tun, was man gesagt hat.

Zu meinem Erstaunen hatte sich jedoch sehr bald – dank meines Interviewers – das Interview in ein Gespräch verwandelt.

Wie kam das zustande?

Einfach, weil mein Interviewer mir nicht Autorität zuschob, sondern weil er meine Haltung erproben wollte, weil er nicht niederschrieb, was ich sagte, sondern es bezweifelte. Großartig! Bald waren wir beide in ein fruchtbares Gespräch vertieft, und es wurde uns klar, daß die Gelegenheit dieses Frühstücks nur der Auftakt für einen weiteren, vielleicht tieferen, Gedankenaustausch wäre.

Einen Monat später konnte ich die Unterhaltung von Bernhard Pörksen und Heinz von Foerster unter dem Titel „Ich versuche einen Tanz mit der Welt" mit passenden Illustrationen von M. C. Escher im Sonntagsblatt lesen.

Als der Carl-Auer-Systeme Verlag in Heidelberg vorschlug, wir sollten unsere Gespräche statt in Hamburg bei mir daheim auf dem „Rattlesnake Hill" in Pescadero, Kalifornien, fortsetzen, war ich entzückt und begeistert. Umarmt von schönstem kalifornischem Wetter saßen wir mehr als den halben Juni 1997 auf unserer Terrasse und sprachen und sprachen und sprachen.

Bitte nachzulesen.

Heinz von Foerster,
Rattlesnake Hill, im Januar 1998

I. Bilder des Wirklichen

1. Biologie der Wahrnehmung

Die Abbildung der Welt

Bernhard Pörksen (B. P.) Man glaubt gemeinhin, Wahrnehmung sei eine Abbildung des Wirklichen: Das erkennende Bewußtsein, so heißt es, spiegelt, was draußen ist. Sie beschreiben die Wahrnehmung der Welt auf eine ganz andere Weise – und sprechen stets vom „Konstruieren" und „Erfinden" von Wirklichkeit.

Heinz von Foerster (H. F.) Nun, manche dieser Ideen, die ich vertrete, sind gar nicht so neu. Schon vor mehr als 150 Jahren formulierte der große deutsche Physiologe Johannes Müller eine faszinierende Beobachtung, die er als das *Prinzip der spezifischen Nervenenergie* bezeichnete. Sie hätte alle Abbildtheoretiker eigentlich irritieren müssen.

B. P. Was hat Johannes Müller beobachtet?

H. F. Die Nerven der verschiedenen Sinne bringen, so stellte er fest, immer nur die ihnen entsprechenden Empfindungen wie Licht, Schall und Druck hervor. Und dies geschieht, *unabhängig* von der physikalischen Natur des Reizes, der diese Empfindung auslöst.

B. P. Unsere Sinne liefern keine naturgetreuen Abbilder der Wirklichkeit?

H. F. Genau; *was* sie erregt, können wir nie wissen; wir wissen nur, was uns unsere Sinne aus diesen Erregungen vorzaubern. An der Pforte der Erkenntnis werden die vermeintlichen Boten der Welt ihrer besonderen Eigenschaften entblößt. In diesem Zusammenhang ist heute auch von der undifferenzierten Codierung von Reizen die Rede. Wir wissen nur: Es gibt einen Reiz oder eine Störung, das ist alles, was eine Nervenzelle mitteilt; aber die Ursache dieser Störung ist unklar, sie wird nicht spezifisch kodiert. Man könnte beispielsweise die Faser eines Sehnervs mit einem Tröpfchen Essigsäure reizen – und würde womöglich einen farbigen Lichtklecks wahrnehmen. Oder man könnte eine Geschmackspapille mit ein paar Volt über eine Elektrode stimulieren; und man würde vielleicht den Geschmack von Essig empfinden. Vor dem Hintergrund dieser Beobachtungen, die in jedem Lehrbuch der Physiologie zu finden sind, ist es geradezu grotesk und unsinnig, von einer Abbildung der Außenwelt in der Innenwelt zu sprechen: Essig wird ein Farbkleks, Elektrizität zu Essig!

B. P. Was ist dann draußen? Wenn ich diese Gedanken weiterdenke, so heißt das: Wir wissen es nicht, ob Wahrnehmungen und Empfindungen unabhängig von uns existieren. Es ist unentscheidbar, ob es draußen in der Welt Farben und Gerüche, Schmerzen und Wärme oder Kälte gibt.

H. F. Sehen Sie, es ist ein unglaubliches Wunder, das hier stattfindet. Alles lebt, es spielt Musik, man sieht Farben, erfährt Wärme oder Kälte, riecht Blumen oder Abgase, erlebt eine Vielzahl von Empfindungen. Aber all dies sind konstruierte Relationen, sie kommen nicht von außen, sie entstehen im Innern. Wenn man so will, ist die physikalische Ursache des Hörens von Musik, daß einige Moleküle in der Luft ein bißchen langsamer und andere ein bißchen schneller auf das Trommelfell platzen. Das nennt man dann Musik. Die Farbwahrnehmung entsteht in der Retina; einzelne Zellgruppen errechnen hier, wie ich sagen würde, die Empfindung der Farbe. Was von der Außenwelt ins Innere gelangt, sind elektromagnetische Wellen, die auf der Retina einen Reiz auslösen und im Falle von bestimmten Konfigurationen zur Farbwahrnehmung führen.

B. P. Und trotzdem erleben wir eine duftende, eine farbenprächtige und eine klingende Welt. Das ist doch merkwürdig, wenn man bedenkt, daß uns unsere Sinne, wie Sie meinen, nur das ununterscheidbare Grau der Reizquantität vermitteln. Es stellt sich die Frage, wie aus dieser unspezifisch kodierten Quantität im Organismus diese Welt mit ihrem Nuancenreichtum und ihrer besonderen Qualität entsteht.

H. F. Diese Frage läßt sich – zumindest teilweise – mit dem Hinweis auf Johannes Müller beantworten; eine Zelle ist ja ein Spezialist für bestimmte und zum Teil eben jeweils ganz verschiedene Empfindungen und Erfahrungen; wenn diese vielen verschiedenen Zellen, diese sensorischen Endorgane, angeregt werden, dann werden diese Reize im Nervensystem miteinander korreliert – und es entsteht ein Reichtum der Empfindungen und Wahrnehmungen. Zentral ist: Dieser ungeheure Reichtum der Erlebnisse ist gewissermaßen schon eingebaut; er hat nichts mit dem Reiz zu tun, der diese Zellen erregt.

B. P. Wir lösen uns also, wenn ich die Bewegung unseres Gesprächs nachvollziehe, an dieser Stelle von den Umweltreizen und dem Äußerlichen und blicken ins Innere des Organismus und in ein diffuses Feld neuronaler Beziehungen und Verbindungen. Was geschieht im Innern? Wie läßt sich dieser Vorgang genauer beschreiben?

H. F. Wenn man sich nun klarmacht, wie eben schon Johannes Müllers faszinierende Einsichten zeigen, daß die Qualitäten der Sinneseindrücke nicht im Empfangsapparat kodiert sind, dann kommt man zu der Feststellung, daß diese Qualitäten im Zentralnervensystem entstehen. Sie werden dort, wie ich sagen würde, errechnet.

Man sieht nie dasselbe

B. P. Was bedeutet der Begriff der Errechnung in diesem Zusammenhang? Man denkt an Zahlen, Daten, Tabellen und an eine, vielleicht auch nur metaphorische, Parallelisierung von Computer und Geist.

H. F. Nein, das wäre ganz falsch. Der Begriff des Errechnens hat in meinen Arbeiten nichts mit numerischen Phänomenen zu tun. Im Englischen lautet der entsprechende Ausdruck: *to compute.* Und das lateinische Wort *computare* bedeutet, daß Dinge in einen Zusammenhang gebracht werden. *Com* steht für „zusammen“ und *putare* heißt

„betrachten, überlegen". Ich verwende den Begriff des Rechnens in diesem sehr allgemeinen Sinn: Es werden mehrere Reize und Eindrücke, die ins Innere gelangen, im Nervensystem in einen Zusammenhang gebracht. Und das heißt für mich, daß es möglich ist, die Vorgänge im Nervensystem als einen Prozeß des Errechnens aufzufassen.

B. P. Wie läßt sich dann der Prozeß des Wahrnehmens beschreiben? Was heißt: erkennen?

H. F. Erkennen bedeutet, daß innerhalb des Nervensystems, Zusammenhänge zwischen verschiedenen Empfindungen hergestellt werden. Um ein Beispiel zu geben: Man sieht ein Etwas, es läuft herum, besitzt sechs Füßchen und hat auch noch Flügel. Und dieses Etwas brummt, erzeugt ein Geräusch. Es sticht und verursacht Schmerz. Wie läßt es sich benennen? Die Erkenntnis dessen, worum es sich handelt, ist das Ergebnis der Wechselwirkung dieser verschiedenen Empfindungen und Wahrnehmungen: Man korreliert den Schmerz eines Stiches, die Seh- und Brummerfahrung und sagt dann zu einem anderen Menschen: Mich hat gerade eine Wespe gestochen! Und da dieser andere in einem sozialen Netzwerk lebt und auch er einmal diese Erfahrung des Stiches und des Schmerzes gemacht hat, kann er sich unter meinen Äußerungen etwas vorstellen, obwohl er vielleicht bisher nur von einer Biene gestochen wurde. Auf diese Weise werden Realitätsvorstellungen erzeugt, über die wir uns dann unterhalten.

B. P. Mir ist dieser Vorgang des Erkennens noch nicht ganz deutlich. Irgendwann muß doch im Innern der Prozeß des Korrelierens von verschiedenen Wahrnehmungen zu einem Abbruch kommen, um den endgültigen Eindruck entstehen zu lassen: So, genug, das ist jetzt eine Wespe!

H. F. Das Erkennen kommt aus meiner Sicht nicht zu einem endgültigen Ende, sondern stellt vielmehr einen unendlichen und in beständiger Zirkularität ablaufenden Vorgang dar. Kaum habe ich eine Sache erkannt, beginne ich schon wieder, sie zu erkennen. Meine Vorstellung von Erkenntnis könnte man deshalb auch als eine *Prozessologie* bezeichnen. Die gesamte Sensomotorik, die Muskeln und die Sinne, erzeugen ununterbrochen eine Wechselwirkung, in deren Verlauf Objekte kreiert werden.

B. P. Und doch muß es zumindest vorläufige Resultate des Erkenntnisprozesses geben, da ich ja die Objekte, die ich wahrnehme, als konstant erlebe. Sie befinden sich nicht, wie es Ihre Prozessologie nahelegt, in einem fortwährenden Wandel.

H. F. Doch. Das, was wir als Objekt bezeichnen, wandelt sich ständig. Man nimmt niemals ein und denselben Gegenstand, ein und dasselbe Glas, ein und denselben Würfel wahr. Selbst wenn Sie am Morgen in den Spiegel schauen, sehen Sie immer einen anderen Pörksen.

B. P. Trotzdem habe ich mich bislang immer noch wiedererkannt. Die Objekte und Gesichter haben – das ist die Konsequenz – notwendigerweise Merkmale, die in meinem Innern diesen Eindruck von Konstanz und Stabilität erzeugen.

H. F. Sie weisen ganz richtig darauf hin, daß Sie sich morgens im Spiegel sehen – und zu der Überzeugung gelangen, daß Sie es sind, den Sie da vor sich haben. Und ich habe betont, daß das, was immer da in diesem Spiegel zu sehen ist, niemals dasselbe darstellt. Niemals sieht man dasselbe Bild in dieser ununterbrochen sich verändernden Welt. Wie läßt sich jetzt dieser Eindruck von Stabilität vor dem Hintergrund des fortwährenden Wandels begründen? Mathematisch kann man dieses Phänomen als das Errechnen von Invarianten begreifen: als die Errechnung von Konstanz und stabilen Werten in einem Prozeß fortwährender Transformation.

B. P. Können Sie zur Verdeutlichung ein Beispiel anführen?

H. F. Man nehme einen Würfel und betrachte seine Ecken und Flächen. Wie ist es möglich, die Invariante des Würfels zu errechnen? Die Antwort heißt: durch Bewegung und die sich ergebende perspektivische Veränderung des Blickfeldes. Indem man mit dem Kopf wackelt, indem man mit der Hand den Würfel dreht, werden neue Korrelationen zwischen der motorischen und der sensorischen Aktivität erzeugt – und das Nervensystem beginnt, die Invarianten zu errechnen. Es handelt sich bei diesem Errechnungsvorgang im Nervensystem, das ist wichtig, um eine Kompetenz. Ich behaupte: Das, was wir einen Gegenstand – zum Beispiel einen Würfel – nennen, ist im Grunde genommen eine Kompetenz unseres Nervensystems, die es möglich macht, Invarianten zu errechnen. Der Gegenstand und das, was man gewöhnlich als ein Objekt tituliert, ist, genau besehen, ein Symbol unserer Fähigkeit zur Errechnung von Invarianten.

B. P. Dieser Hinweis auf unsere Kompetenz erlaubt es, stabile Eindrücke und Wahrnehmungen zu begründen, ohne daß auf eine externe Ordnung verwiesen werden muß, die im Organismus abgebildet wird.

H. F. Absolut richtig. Und ich möchte nochmals auf den Begriff des Errechnens zurückkommen, den ich in diesem Zusammenhang verwende. Er besitzt die magische Vorsilbe „Er-", die auf aktive Prozesse und ein Moment der Schöpfung deutet. Es wird etwas kreiert, was nicht schon da sein muß. Wenn ich davon spreche, daß Wirklichkeit „er-funden", „er-rechnet" und „er-kannt" wird, geht es nicht um eine passive Reproduktion des Vorhandenen, sondern stets um schöpferische und lebendige Vorgänge: Es wird etwas erzeugt, es wird etwas erfunden – und nicht gefunden, nicht entdeckt.

B. P. Stimmt das denn? Es muß doch ein Aufeinanderbezogensein von wirklicher und wahrgenommener Welt geben. Um auf das Beispiel der Farbwahrnehmung zurückzukommen: Natürlich ist es richtig, daß die rote Farbe nicht die Eigenschaft eines Objektes ist, sondern ein Eindruck, der im Auge des Betrachters entsteht. Aber: Es muß doch eine besondere Struktur dieses Objekts geben, die dafür verantwortlich ist, daß uns dieses Rot als Farbe zu Bewußtsein kommt.

H. F. Ich würde genau umgekehrt argumentieren; da ist ein Objekt, das uns rot erscheint. Jetzt stellt sich die Frage, wie sich dieser Farbeindruck erklären läßt? Welche Hypothese läßt sich finden? Es gibt Leute, die mir berichten, daß draußen in der Welt Objekte existieren, die rot angemalt sind – und daß es diese Tatsache des Rotangemaltseins ist, die meine Wahrnehmung auslöst. Ich muß dann allerdings zurückfragen: Woher wissen wir, daß die Objekte rot sind? Sie antworten: Nun, das ist doch klar, *wir* sehen sie doch. Das bedeutet: Sie schließen von dem, was sie sehen, auf das, was draußen sein soll. Das ist die gedankliche Figur.

B. P. Mein Eindruck ist, daß Sie den Erkennenden, oder mit dem Neurobiologen Humberto Maturana gesagt, den Beobachter zu sehr in den Vordergrund rücken. Sie verabsolutieren, zugespitzt formuliert, den Beobachter und seine kognitive Autonomie – und vernachlässigen und vergessen dabei die Eigenschaften der Objekte in der Welt. Nochmals: Die besonderen Strukturen der Objekte, die wir als rot wahrnehmen, müssen doch auch in unseren Beobachtungen wirksam werden.

H. F. Was zwingt Sie, diese Korrespondenz von Welt und Wahrnehmung mit dieser Absolutheit zu fordern? Es genügt völlig zu wissen, daß wir ein schönes rothaariges Mädchen vor uns haben, einen roten Würfel oder einen Tisch mit roter Decke. Was wir wissen ist, *daß* wir etwas wahrnehmen, mehr nicht. Üblicherweise geht man davon aus, daß unsere Sinne die Objekte in der Welt wechselseitig bestätigen. Man sieht einen Tisch, tritt näher, fühlt das Holz – und glaubt jetzt, daß der Tastsinn die Existenz des Tisches und die Perzeption der Augen endgültig verifiziert. Diese Bestätigungsidee erscheint mir sinnlos, da hier die Existenz einer Entität, die schließlich als Tisch identifiziert wird, immer schon vorausgesetzt wird.

B. P. Sie meinen, daß diese Vorstellung der Verifizierung bereits ontologisch kontaminiert ist, weil sie nahelegt, die Dinge seien „da draußen“ tatsächlich vorhanden.

H. F. Genau. Woher will man wissen, daß etwas schon da ist, dessen Vorhandensein man eigentlich erst verifizieren will? In der Sprache, die ich gerne verwenden würde, ersetze ich die Bestätigungsidee durch die Vorstellung einer Korrelation von Empfindungen: Man sieht etwas, man fühlt etwas – und die Korrelation zwischen den Empfindungen und der Gesamtheit der neuronalen Prozesse erzeugt eine Welt, die man einen Tisch, einen Würfel oder meine schöne Freundin mit den roten Haaren nennen kann. Die Korrelation der Empfindungen ist aus meiner Sicht die Voraussetzung für das, was Sie den Nuancenreichtum der Welt genannt haben: *Weil* diese Empfindungen alle so verschieden sind, weil hier ständig Verschiedenes, was sichtbar, hör- und fühlbar ist, korreliert wird, entsteht dieser Reichtum der Wahrnehmungen und die faszinierende Buntheit der Welt, die sich genießen läßt.

Ein ganz kurzes Theaterstück

B. P. Darf ich aus einer anderen Perspektive einen weiteren Anlauf versuchen, um die Annahme zu begründen, daß es einen systematischen Zusammenhang zwischen unseren Wahrnehmungen und der wirklichen Welt geben muß? Man könnte doch argumentieren, daß sich im Laufe der Evolution, der menschliche Wahrnehmungsapparat durch beständige und mitunter tödliche Versuche und Irrtümer an die Wirklichkeit des Gegebenen angepaßt hat. Das war die Auffassung des Ethologen und evolutionären Erkenntnistheoretikers Konrad Lorenz, der meinte, es gebe im Laufe der Evolution eine allmähliche Annäherung an das kantianische „Ding an sich", die wirkliche Welt. Grob realitätsverfehlende Konstruktionen würden schlicht und einfach durch den Mechanismus der Selektion zerstört.

H. F. Da kann ich nur ausrufen: „Armer Konrad!" Diese Annahme ist das Resultat *seiner* Evolution und seines beständigen Versuchs, zusammen mit seinen Mitarbeitern die eigenen Erlebnisse und Beobachtungen nach dem Prinzip der Ähnlichkeit, das seinerseits auf die Linnésche Taxonomie zurückgeht, zu korrelieren. Auf diese Weise haben die kognitiven Eigenschaften von Carl von Linné, Konrad Lorenz und vielen anderen, die im Pflanzen- und Tierreich nach Ähnlichkeiten suchten, schließlich die faszinierenden Ahnenreihen einer Evolution entstehen lassen. Man hat klare Verhältnisse geschaffen, die Pflanzen und die Tiere auf eine Weise eingeordnet, die ihre Ähnlichkeit als eine begrüßenswerte Eigenschaft erscheinen ließ und es gestattete, eigene Beobachtungen auf die gewünschte Weise miteinander zusammenhängen zu lassen, die Giraffe und die Ziege in Beziehung zu setzen und den Frosch und die Giraffe weit auseinanderzurücken. Ich möchte nur darauf hinweisen, daß es auch einmal eine Zeit gab, in der man die *Ähnlichkeit der Empfindungen* zur Basis der Kategorisierung von Pflanze und Tier gemacht hat. Man denke hier nur an die frühen Taxonomien des Ulisse Aldrovandi aus dem 16. Jahrhundert, der die scheußlichen Tiere (die Spinnen, Molche und Schlangen) und die Schönheiten (die Leoparden, die Adler usw.) zu eigenen Gruppen zusammenfaßte. In der Gegenwart ist es eben Mode, andere Eigenschaften als Kriterium zu wählen und ein Evolutionsmodell zu konzipieren, das einen zu derartigen Aussagen führt.

B. P. Ist dieser kleine Exkurs zur Geschichtlichkeit biologischer Taxonomien wirklich eine Antwort auf Konrad Lorenz und die Thesen der evolutionären Erkenntnistheoretiker? Lorenz schreibt ja: „Die Anpassung an bestimmte Bedingungen der Umwelt ist äquivalent dem Erwerb von Information über diese Umweltbedingungen."

H. F. Ich kann nur wiederholen: Es ist eine bestimmte Vorstellung, mit der wir es hier zu tun haben, die solche Aussagen entstehen läßt. Man stellt vor dem Hintergrund besonderer geschichtlicher und sozialer Bedingungen die Frage nach der Entstehung der Arten, behauptet, daß sich eine allmähliche Anpassung an die Umwelt vollzieht. Und auf diese Weise wird das, was wir die Umwelt nennen, zur externen Determinante des Innern.

B. P. Sie fragen gar nicht, wenn ich richtig verstehe, danach, wer hier recht hat und im Besitz der Wahrheit über die Entstehung der Arten, die Existenz und Prägekraft einer Umwelt und des Phänomens der Anpassung ist, sondern Sie setzen einfach eine andere Auffassung gegen jene, die Konrad Lorenz vertritt.

H. F. Ganz richtig; mir geht es nicht um diese schreckliche Frage, wer ein für allemal im Recht ist; eine solche Diskussion, in der nur Intoleranz und Streit regieren, interessiert mich nicht. Ich bin niemand, der andere Gedanken widerlegen möchte – und dabei den Fehler macht, sich in den anderen zu verbeißen und ihm auf diese Weise immer ähnlicher zu werden. Ich möchte lediglich für eine andere Sicht plädieren, ich will darauf aufmerksam machen, daß man die Sätze eines Konrad Lorenz durchaus umdrehen kann, ja, daß sich überhaupt alles, was so geredet wird, auch auf den Kopf stellen läßt. Wenn wir uns beispielsweise, wie ich gerne nahelegen möchte, als die Erfinder und Erzeuger unserer Umwelt verstehen, dann existiert das Problem der Anpassung überhaupt nicht. Es verschwindet. Denn man kann doch nicht etwas erfinden, was man nicht erfinden kann und was nicht zu einem paßt. Also sind wir immer und in jedem Fall angepaßt. Und diese Einsicht ist es, die, so meine ich, den Menschen näher zum Menschen bringt: Er wird zum Vater oder zur Mutter aller Dinge und aller Erscheinungen.

B. P. Um den Kontrast und die Verschiedenheit der Auffassungen ganz deutlich zu machen, ist es vielleicht sinnvoll, diese in der Sprache der Kausalität zu reformulieren. In der These von Konrad Lorenz wird der Umwelt (und nicht dem Beobachter) das Primat gegeben. Oder in der Sprache der Kausalität: Die Umwelt ist die Ursache der Erfahrungen; und die Folge ist die Anpassung, die mit der allmählichen Erkenntnis der wirklichen Welt gleichgesetzt wird. Sie drehen dieses Wirkungsverhältnis um: Die Erfahrung des Organismus hat das Primat; die Beobachtungen sind die Ursache – und das Entstehen einer Welt, verstanden als eine Summe von Vorstellungen, ist die Folge.

H. F. Natürlich, so kann man das sagen, ja. Möglicherweise trägt auch ein ganz kurzes Theaterstück, das ich einmal geschrieben habe, zur Klärung bei. Dieses Theaterstück spielt seinerseits in einem Theater mit Publikum. Plötzlich geht der wunderschöne rote Samtvorhang auf – und der Blick auf die Bühne ist frei. Man sieht: einen Baum, eine Frau und einen Mann. Der Mann zeigt auf den Baum und sagt laut und theatralisch: „Dort steht ein Baum!“ – Darauf die Frau: „Woher weißt Du, daß dort ein Baum steht?“ – Der Mann: „Weil ich ihn sehe!“ – Darauf sagt die Frau mit einem kleinen Lächeln: „Aha.“ Und der Vorhang fällt. – Ich behaupte, daß dieses kleine Theaterstück sich dazu eignet, die jahrtausendalte Diskussion um die Fragen der Erkenntnis und die Rolle einer externen Welt zu erhellen, die bis vorgestern und bis hin zu Konrad Lorenz andauert. Seit Urzeiten beherrscht uns die unentscheidbare Frage, ob wir uns eher mit dem Mann verbünden sollen oder mit der Frau. Der Mann behauptet eine beobachterunabhängige Existenz des Baumes und der Umwelt; die Frau macht dagegen darauf aufmerksam, daß er von dem Baum nur weiß, weil *er* ihn sieht.

B. P. Offensichtlich sympathisieren Sie eher mit der Auffassung der Frau in diesem kleinen Theaterstück. Vielleicht ließe sich sagen, daß Ihre erkenntnistheoretischen Annahmen eigentlich zwischen zwei verschiedenen Extrempositionen zu situieren sind: Auf der einen Seite steht der naive Realist – und sagt: Die Dinge, die Bäume, die Menschen und all die Facetten der Welt bilden sich auf der Leinwand meines Bewußtseins so ab, wie sie wirklich sind. Und auf der anderen Seite steht der Solipsist – und sagt: Alles ist Schimäre, Produkt des eigenen Geistes. Und zwischen Solipsisten und naiven Realisten lassen sich, so vermute ich, Ihre Ideen plazieren: Was in einem absoluten Sinne *wirklich* genannt werden kann, bleibt auf ewig unentscheidbar, aber daß da etwas existiert, ist unbezweifelbar.

Entscheidung gegen den Solipsismus

H. F. Ihr Versuch, mich irgendwie in eine bestimmte Kategorie einzuordnen und dieses gesamte erkenntnistheoretische Vokabular, das Sie so gekonnt verwenden, machen mich etwas unglücklich. Der Grund ist, daß in der Position, die Sie mir zuweisen, doch wieder ein Hintertürchen offen steht, um dieser schrecklichen Idee der Ontologie – der Lehre vom wirklich Vorhandenen – erneut Einlaß zu gewähren. Man kann, folgt man dieser Positionierung, eben doch wieder von der Existenz einer Außenwelt sprechen. Und die Referenz auf die Außenwelt und das Gegebene läßt sich, so behaupte ich, wunderbar verwenden, um die eigene Verantwortung zu eliminieren. Das ist der tiefe Schrecken der Ontologie. Man führt die unschuldig erscheinende Formel „es ist" ein, die ich einmal spaßeshalber und etwas geschwollen als den *existentiellen Operator* bezeichnet habe und sagt mit autoritärer Gewalt: „Es ist so ... es gibt ..." Und so weiter. Aber wer gibt? Wer behauptet, daß etwas der Fall ist? Ich plädiere dafür, daß wir dieses Wirkliche und vermeintlich Gegebene als unsere eigene Erzeugung und Erfindung begreifen.

B. P. Die Rede von der Erfindung der Wirklichkeit erscheint mir nun doch wie ein Flirt mit solipsistischen Ideen: Nichts ist wirklich, alles ist zu bezweifeln.

H. F. Wieso? Was ist daran solipsistisch? Sie sitzen mir gegenüber, und wir sprechen miteinander, wir schütteln uns vielleicht sogar die Hände. Das ist doch keine Illusion, das ist doch keine Schimäre. Aber bedeutet das nicht, so werden Sie mich jetzt fragen, daß ich eine äußere Realität akzeptiere? Nein, so werde ich Ihnen antworten, das heißt es ganz und gar nicht. Ich sage: Durch das Hören meiner Stimme, das Schütteln meiner Hand und durch die fortwährende Korrelation der verschiedensten Empfindungen konstruieren Sie einen Heinz. Und damit wir von einem Heinz von Foerster und einem Bernhard Pörksen sprechen können, erfinden wir uns einen Bezug, den wir als *die Realität* bezeichnen. Der Solipsist behauptet, er sei – *soli ipsere* – allein und vollständig einsam, der andere ist nicht existent, es gibt nichts anderes.

B. P. Aber wenn Sie die Welt als Erfindung bezeichnen, dann sind das Alleinsein und die kognitive Einsamkeit die notwendige Konsequenz.

H. F. In Ordnung, ich verstehe, was Sie meinen. Ich möchte Sie jedoch einladen, noch für einen Moment meinen Gedanken zum Solipsismus zu folgen. Es ist doch möglich, daß dieser, wie Platon sagen würde, *federlose Zweifüßler*, dieser Mensch Heinz von Foerster, sich andere federlose Zweifüßler vorstellen kann. Und ich kann nicht leugnen, daß auch weitere federlose Zweifüßler, andere Menschen, meine Vorstellungswelt bevölkern. Da sie mir ähnlich sind, muß ich auch diesen imaginären Figuren das Recht zugestehen, solipsistisch zu denken. In der Vorstellung und den Imaginationen dieser Menschen könnten erneut Menschen auftauchen, die behaupten, daß der andere gar nicht existiert. Und einer dieser anderen könnte ich sein.

B. P. Ein Solipsist stellt sich einen Solipsisten vor, der sich einen Solipsisten vorstellt, der sich einen Solipsisten vorstellt. Um ehrlich zu sein: Ich verstehe noch nicht, inwiefern sich auf diese Weise, der Vorwurf des Solipsismus abwehren läßt.

H. F. Mein Freund Gordon Pask hat einmal eine wunderschöne Zeichnung angefertigt, die diese Situation illustriert (s. Abb.1). Man sieht einen Mann mit einer Melone, der behauptet, er sei allein. Und dieser Mann stellt sich einen anderen vor, der ebenso eine Melone trägt; auch er meint, daß der andere, den er sich seinerseits imaginiert, gar nicht existiert und allein ein Gebräu seiner Einbildung darstellt. Nun könnte es in unserer Vorstellung zu folgendem Fall kommen: Ein Mann, der solipsistisch denkt, trifft auf einen anderen, der die gleiche Auffassung vertritt.

Abb.1: Ein Mann, der behauptet, der andere würde gar nicht existieren, stellt sich einen anderen vor, der behauptet, der andere würde gar nicht existieren. (Illustration von Gordon Pask)

B. P. Jetzt stellt sich die Frage, wer recht hat: der erste oder der zweite Solipsist.

H. F. Das ist der springende Punkt. An dieser Stelle unseres Gesprächs möchte ich Ihnen, um die Sache weiter zu klären, das sogenannte Relativitätsprinzip servieren. Das Relativitätsprinzip besagt, daß eine Hypothese, die für A und für B richtig ist, nur dann akzeptabel sein kann, wenn sie für A *und* B auch zusammen gilt. Man denke etwa – dies zur Illustration – an die berühmte Frage, ob die Sonne oder die Erde das Zentrum des Universums bilden. Vorstellbar ist doch, daß es auf dem Planeten Venus und auf der Erde Wesen gibt, die die Hypothese verfechten, ihr Planet stünde jeweils im Zentrum. In dem Moment, in dem sich Erdling und Venusier treffen, werden sie sich streiten und einen Krieg beginnen. Wer hat recht? Wer ist im Besitz der Wahrheit? Um diesen Streit zu schlichten, läßt sich das Relativitätsprinzip anwenden: Man kann den Erdlingen und den Venusiern zeigen, daß sie, wenn sie dieses Prinzip akzeptieren, beide nicht recht haben können. Das Relativitätsprinzip ist also nicht wahr oder falsch, sondern die Frage ist, ob man es akzeptiert oder nicht. Das ist eine Entscheidung, die jeder für sich treffen muß. Die Venusbewohner und die Erdlinge könnten sich jetzt entscheiden, Heliozentriker zu werden und die Sonne als das Zentrum des Universums anzusehen; sie wären auf diese Weise in der Lage, glücklich zusammen zu leben und auch mit den Marsiern in Frieden zu existieren.

B. P. Sie haben sich, wenn ich richtig verstehe, mit der Einführung dieses Prinzips eine gedankliche Figur geschaffen, um aus Ihrer Sicht und auf eine nicht realistische Weise über die Umwelt, die Objekte und den anderen Menschen zu sprechen. Die Welt wird an den Erkennenden gekoppelt. Er ist es, der sich für ihre Existenz entscheidet.

H. F. Sehr gut gesagt. Das Relativitätsprinzip schafft eine Form, in der über die Umwelt und den anderen Menschen wieder geredet werden kann. Und in dem Moment, in dem ich die Existenz des anderen und mein eigenes Vorhandensein postuliere, lebe ich in einer Beziehung und Gemeinschaft, es entsteht Beteiligung; man wird plötzlich zum Mitleidenden, dem es nicht mehr möglich ist, durch die Referenzen auf eine externe Realität eine Ausrede für die eigene Gleichgültigkeit zu finden. Diese Entscheidung, die ich hier vorschlage, macht einen zu einem sozialen Wesen. Die Welt als eine Erfindung aufzufassen, heißt, sich als ihren Erzeuger zu begreifen; es entsteht Verantwortung für ihre Existenz.

2. Facetten der Wahrheit

Wahrheit bedeutet Krieg

B. P. Diese radikalen Überlegungen, die jeden Akt der Erkenntnis untrennbar mit dem Erkennenden verflechten, bringen einen Begriff fundamental in Mißkredit, der im Zentrum der verschiedensten wissenschaftlichen, religiösen oder ganz alltäglichen Wahrnehmungsanstrengungen steht: Es ist der Begriff der Wahrheit, dessen Verständnis eine beobachterunabhängige Welt voraussetzt. Gängig ist es insbesondere, Wahrheit als eine *adaequatio intellectus et rei* zu begreifen, als eine Übereinstimmung zwischen dem erkennenden Geist und der Sache. Wenn es um diese Auffassung geht, sprechen Philosophen von einer korrespondenztheoretischen Bestimmung des Begriffs: Vorstellung und Welt kommen zur Deckung, sie gelangen zu einer exakten Korrespondenz. Vielleicht ist es sinnvoll, wenn wir über die Facetten des Wahrheitsbegriffs sprechen, von dieser Definition auszugehen.

H. F. Das glaube ich überhaupt nicht; mir geht es nicht um eine Definition. Es ist mir herzlich egal, ob wir diesen aus einer korrespondenztheoretischen, einer konsistenztheoretischen oder irgendeiner anderen Perspektive definieren: Der Begriff der Wahrheit ist, wenn man es genau nimmt, ein Chamäleon der Philosophiegeschichte mit einer – je nach Benutzer – immer etwas anderen Färbung. Bei Descartes hat das Wort Flecken, bei Kant Streifen, bei Schopenhauer Punkte. Mir scheint, daß eine immerhin sehr schwierige Definition keinen guten Ausgangspunkt für ein Gespräch bildet. Mein Ziel ist es vielmehr, den Begriff der Wahrheit selbst zum Verschwinden zu bringen, weil sich seine Verwendung auf eine entsetzliche Weise auswirkt. Er erzeugt die Lüge, er trennt die Menschen in jene, die recht haben, und jene, die – so heißt es – im Unrecht sind. Wahrheit ist, so habe ich einmal gesagt, die Erfindung eines Lügners.

B. P. Wie ist das zu verstehen?

H. F. Damit ist gemeint, daß sich Wahrheit und Lüge gegenseitig bedingen: Wer von Wahrheit spricht, macht den anderen direkt oder indirekt zu einem Lügner. Diese beiden Begriffe gehören zu einer

Kategorie des Denkens, aus der ich gerne heraustreten würde, um eine ganz neue Sicht und Einsicht zu ermöglichen.

B. P. Das heißt, Sie sind, wenn es um die Wahrheit geht, kein Korrespondenz- oder Konsistenztheoretiker, sondern ein *Konsequenztheoretiker:* Ihnen geht es gar nicht um die Inhaltsseite des Begriffs, sondern Sie machen die soziale Außenseite dieser Idee zum Thema. Sie lenken den Blick auf die atmosphärischen Folgen, die der Begriff der Wahrheit – unabhängig von seiner inhaltlichen Definition – hat.

H. F. Der Terminus Konsequenztheorie, den Sie gerade erfunden haben, klingt ganz gut, er gefällt mir. Meine Auffassung ist in der Tat, daß die Rede von *der Wahrheit* katastrophale Folgen hat und die Einheit der Menschheit zerstört. Der Begriff bedeutet – man denke nur an die Kreuzzüge, die endlosen Glaubenskämpfe und die grauenhaften Spielformen der Inquisition – Krieg. Man muß daran erinnern, wieviele Millionen von Menschen verstümmelt, gefoltert und verbrannt worden sind, um die Wahrheitsidee gewalttätig durchzusetzen.

B. P. Sie sehen eine Korrelation zwischen der Anzahl der Gefallenen und einem statischen Wahrheitsverständnis?

H. F. Ja – und auf einmal stehen die großen Armeen der Gläubigen einander gegenüber, sie knien nieder und beten beide zu ihrem Gott, daß die Wahrheit, daß *ihre Wahrheit* siegen möge. – Wer hat recht? Sind der Wein und das Brot, die zum christlichen Abendmahl gereicht werden, wirklich Blut und Körper Christi, oder handelt es sich bei Wein und Brot um Symbole, die das Blut und den Körper darstellen? Um diese Frage zu entscheiden, wird geschlachtet und geschlachtet. Und die Armee, die übrigbleibt, verkündet stolz, im Privatbesitz der Wahrheit zu sein. Sie kann jetzt beginnen, die Überlebenden der Gegenseite zu bekehren.

Betriebsgeheimnisse der Natur

B. P. Diese Ablehnung des Wahrheitsbegriffs hat, wenn ich richtig verstehe, einen ethischen Grund. Aber muß man – aus einer erkenntnistheoretischen Perspektive – nicht zugeben, daß an den Orten des wissenschaftlich-technischen Fortschritts Wahrheit produziert wird?

Wir telefonieren, wir fahren Auto, es erheben sich tonnenschwere Flugzeuge in die Luft. Das kann doch nur heißen, daß es einen systematischen Zusammenhang zwischen unseren Vorstellungen und dem Wesen der Welt gibt. Anders und als Frage formuliert: Ist das offenkundige Funktionieren unserer Hypothesen nicht ein Hinweis darauf, daß wir der Natur ihre Betriebsgeheimnisse entlockt haben?

H. F. Es ist ein Wunsch des Menschen, seine Fertigkeiten und Möglichkeiten – das Autofahren, das Fliegen, die herrlichen Computer – zu erklären. Aber diese Erklärungsprinzipien sind kulturell bedingt und jeweils ganz verschieden; man kann zwischen ihnen auswählen und hin- und herhüpfen. Ein Realist würde auf das Maxwellsche Prinzip verweisen, um das Funktionieren von Elektromotoren zu erläutern. Und ein Magier würde sagen, daß es die Menschen verstanden haben, mit Unerklärlichem umzugehen. Aber wenn Sie mich fragen: Mir erscheint die Idee vollständiger Erklärbarkeit als eine Hoffnung, die das Staunen befriedigt und beseitigt. Man kann nun in einer Welt leben, in der es das Wunder und das Unwißbare nicht mehr gibt; das ist das Ergebnis unserer Erklärungsversuche.

B. P. Was Sie sagen, ist, so denke ich, keine Antwort. Sie machen die Implikationen meiner Frage zum Thema, Sie ordnen diese ein, aber Sie antworten mir nicht.

H. F. Welche Antwort – so muß ich jetzt zurückfragen – möchten Sie denn gerne hören? Welche Antwort würden Sie akzeptieren, welche meiner Ausführungen würde Sie entzücken? Das womöglich beruhigende Bekenntnis, daß das Funktionieren einer Hypothese ein Wahrheitsbeweis ist, werde ich nicht ablegen. Meine Formel lautet: Das Funktionieren ist ein Beleg für das Funktionieren. Wieso soll ich dieses Funktionieren jetzt mit diesen lächerlichen acht Buchstaben W A H R H E I T gleichsetzen? Wozu? Um recht zu behalten? Um dem anderen über den Kopf zu hauen?

B. P. Sie glauben nicht an die endgültige Verifizierung einer Hypothese?

H. F. Nein, überhaupt nicht. Was möglich ist, da folge ich dem Philosophen Karl Popper, dem ich sonst längst nicht in allem zustimme, ist allein die Falsifizierung von Hypothesen: Diese können sich als falsch, aber nicht in einem absoluten Sinn als richtig erweisen. Aber in dem Moment, in dem man von Wahrheit spricht, entsteht ein Politikum, und es kommt der Versuch ins Spiel, andere Auffassungen zu dominieren und andere Menschen zu beherrschen. Wenn der Begriff der Wahrheit überhaupt nicht mehr vorkäme, könnten wir vermutlich alle friedlich miteinander leben.

B. P. Was bleibt, ist ein ganz und gar unspektakuläres Erkenntnismotiv. Es geht allein um das Funktionieren – und nicht um die absolute Wahrheit.

H. F. Aber dieses Funktionieren läßt sich doch als eine Serie von Wundern begreifen, die man feiern, über die man sich freuen kann. Es geht darum, nicht zu stolpern in dieser Welt. Und wenn uns dies gelingt, wäre das doch schon Anlaß genug, um gemeinsam eine Flasche Champagner zu entkorken. Ich will noch einmal betonen, daß ich im Grunde genommen aus der gesamten Diskussion über Wahrheit und Lüge, Subjektivität und Objektivität aussteigen will. Diese Kategorien stören die Beziehung von Mensch zu Mensch, sie erzeugen ein Klima, in dem andere überredet, bekehrt und gezwungen werden. Es entsteht Feindschaft. Man sollte diese Begriffe einfach nicht mehr verwenden, da sie, so behaupte ich, durch die bloße Erwähnung und auch durch die Verneinung oder Ablehnung am Leben erhalten werden.

B. P. Inwiefern?

H. F. Dazu fällt mir ein Satz von Ludwig Wittgenstein ein: Wenn man über eine Proposition *„p"* und ihre Verneinung *„non p"* spricht, heißt es bei Wittgenstein, so spricht man von demselben. Darf ich hier eine kleine Analogie anführen? Revolutionäre, die einen König stürzen wollen, machen häufig den bedauerlichen Fehler, daß sie laut und deutlich schreien: „Nieder mit dem König!" Das ist natürlich kostenlose Propaganda für den König, der sich bei seinen Gegnern eigentlich bedanken sollte: „Danke, daß ihr mich so oft erwähnt habt und daß ihr nicht aufhört, meinen Namen zu rufen!" Wenn ich eine Person, eine Idee oder ein Ideal laut und deutlich negiere, ist die endgültige Trennung noch nicht geglückt. Das verneinte Phänomen kommt wieder vor und wird ex negativo erneut ins Zentrum der Aufmerksamkeit gerückt.

B. P. Nun könnte man sagen: Sie sind ein Revolutionär, der die Idee der Wahrheit grundsätzlich erledigen will, indem er sie aus dem Diskurs zu verbannen hofft.

H. F. Gar nicht schlecht. Vielleicht paßt dazu eine Formel, die unter österreichischen Journalisten kursiert; es heißt, daß man eine Idee oder eine Person am besten demontieren kann, indem man sie überhaupt nicht mehr erwähnt. Die Formel lautet: „Nicht genannt soll er werden!" Wenn man einen Politiker zerstören will, dann schreibt man am besten nicht über seine außerehelichen Kontakte zu anderen Frauen; das wäre falsch, weil schon die bloße Erwähnung seine Existenz wieder zu Bewußtsein bringt und vielleicht einige Leute sagen: „Was für ein fescher Mann!" Viel wirksamer ist es, von ganz anderem zu sprechen, sich über das Wetter und die Wetterfrösche zu unterhalten. Der Politiker ist dann plötzlich weg. In diesem Sinne meine ich, daß man die Idee der Wahrheit zum Verschwinden bringen und sie durch Nichterwähnung erledigen sollte: „Nicht genannt soll sie werden!"

B. P. Wäre es nicht auch möglich, den Begriff der Wahrheit etwas undramatischer als eine regulative Idee zu denken? Wahrheit ließe sich als eine orientierende Norm begreifen, die nicht in den Privatbesitz eines einzelnen, einer Gruppe oder Nation übergehen kann. Sie erschiene dann als ein Motiv des Aufbruchs, als der Stimulus einer Erkenntnisanstrengung, von der man weiß, daß sie nie zu einem Ende und einem Absoluten gelangt.

H. F. Mir erscheint Ihr Versuch, den Begriff der Wahrheit zu retten, untauglich. Auch die Rede von der Wahrheit in einem regulativen Sinn setzt eine Vorstellung von dem voraus, was die Wahrheit *ist*, was erreicht und angestrebt werden soll. Die zerstörerischen Konsequenzen, die diese Idee hat, werden demzufolge gar nicht berührt. Man geht in jedem Fall von einer ewigen Wahrheit aus, die da irgendwo am Horizont herumschwebt. Schon der Begriff der orientierenden Norm, von dem Sie sprechen, enthält den heimlichen Zwang zur Anpassung: Andere müssen sich dieser Norm unterwerfen.

B. P. Und doch läßt sich nicht leugnen, daß ein emphatischer und meinetwegen auch naiver Wahrheitsbegriff Menschen im Laufe der Kultur- und Wissenschaftsgeschichte auf eine sehr produktive Weise angeregt hat. Das Wahrheitsmotiv hat so verstanden seinen guten Sinn – und ist nicht allein Instrument von Fanatikern, die andere terrorisieren wollen.

H. F. Sie sprechen jetzt von den persönlichen Glaubenssätzen eines Erkennenden, der eine bestimmte Idee auf eine wunderbare Weise benützt. Wenn dieser Mensch aber sagt, daß er die Wahrheit gefunden hat, wird er zu einem gefährlichen Tier. Auch die Behauptung einer allmählichen oder asymptotischen Wahrheitsannäherung ist mir unheimlich, weil hier immer schon das Wissen darüber vorausgesetzt wird, wo sich dieses vermeintliche Fernziel befindet. Wäre es nicht möglich, so denke ich manchmal, den Verweis auf die Wahrheit durch die Idee des Vertrauens zu ersetzen: Schon das englische Wort für Wahrheit, *truth,* geht, wenn man die Wortgeschichte analysiert, auf den Begriff der Treue und des Vertrauens, *trust,* zurück. Wenn ich die Wahrheit als ein Vertrauen von Mensch zu Mensch begreife, dann brauche ich keine externen Referenzen mehr. Dann kann ich das, was er sagt, einfach hinnehmen, weil wir uns gegenseitig treu sind. Es ist nicht mehr die Frage, wer recht hat, wer lügt, sondern ob man dem anderen vertraut, ob man sich auf ihn verlassen kann. Wenn er mir sagt, daß die Klapperschlangen den Radetzky-Marsch spielen, dann frage ich gar nicht, ob sie das *wirklich* tun. Ich vertraue ihm einfach, ich glaube ihm. Auf diese Weise entsteht eine vollkommen andere Relation.

B. P. Übersieht diese Kritik der Wahrheitsidee nicht ein grundsätzliches Bedürfnis? Menschen kommen doch gar nicht ohne die Sehnsucht nach etwas Endgültigem und Fraglosem aus. Sie brauchen die Sicherheit des Absoluten.

H. F. Für mich ist diese Sicherheit des Absoluten, die einem Halt geben soll, etwas Gefährliches, das einem Menschen die Verantwortung für seine Sicht der Dinge nimmt. Mein Ziel ist es, eher die Eigenverantwortung und die Individualität des einzelnen zu betonen. Ich möchte, daß er lernt, auf eigenen Füßen zu stehen und seinen persönlichen Anschauungen zu vertrauen. Mein Wunsch wäre es, dem anderen zu helfen, seine ganz eigenen Vorstellungen, seine eigenen Gedanken, seine eigene Sprache zu entwickeln, ihm zu helfen, seine Beobachtungsgabe zu schärfen, seine eigenen Augen und Ohren zu benutzen. Natürlich gibt es Menschen, die davon nichts wissen wollen und meinen, nicht ohne ein Dogma auszukommen, das ihnen vorgibt, wie sie zu sehen, zu hören und zu sprechen haben. Das sind Monotänzer, mit denen man keinen gemeinsamen Tanz, keinen gemeinsamen Dialog beginnen kann. Sie nehmen die Einladung nicht an, über diese Dinge zu sprechen, denn sie wissen ja bereits alles, sie kennen die Ergebnisse. Aber das ist nicht mein Problem, wenn ein anderer sich in die Blindheit gegenüber der Vielzahl der Möglichkeiten flüchtet; damit muß dieser Mensch selbst fertig werden. Ich würde niemals versuchen, ihn zu überzeugen.

B. P. Manche Menschen empfinden Ihre Thesen zweifellos als eine Provokation. Vor einigen Jahren ist einmal in einer christlichen Wochenzeitung ein Interview mit Ihnen erschienen, das eine ganze Reihe erboster Leserbriefe provoziert hat: Viele der Briefeschreiber fühlten sich ganz offensichtlich durch diesen Abschied von einem Wahrheitsideal, das auch im Zentrum religiöser Vorstellungen steht, verletzt. Einer der Schreiber nannte Sie „den großen Verwirrer". Das ist ein Bibelzitat: Die Rolle des großen Verwirrers spielt der Teufel.

H. F. Nun, das klingt ja wenig schmeichelhaft. Allerdings möchte ich darauf hinweisen, daß ich eine etwas andere Vorstellung vom Teufel habe. Der Teufel ist für mich nicht der große Verwirrer, sondern der große Vereinheitlicher: Er versucht, die verschiedenen Ansichten zu homogenisieren, bis alle dasselbe denken, glauben und tun. Das ist das eigentlich Gefährliche. Der Verwirrer erweitert dagegen das Blickfeld, er eröffnet neue Möglichkeiten und macht die Fülle sichtbar. Ich kann den Verfasser dieses Briefes beruhigen: Es ist ein guter Geist, der verwirrt.

Der ethische Imperativ

B. P. Meinen Sie, daß die Entstehung neuer Wahrnehmungsformen und neuer Möglichkeiten zu denken und zu handeln per se zu begrüßen ist?

H. F. Ich meine, daß sich in der Verwirrung, die neue Möglichkeiten sichtbar werden läßt, ein ethisches Grundprinzip manifestiert. Es entsteht Freiheit. Ich habe einmal gesagt: *Handle stets so, daß die Anzahl der Möglichkeiten wächst.* Das ist mein ethischer Imperativ, wobei allerdings wieder der falsche Eindruck entstehen könnte, auch ich wolle andere herumkommandieren. Das war also etwas schlampig formuliert. Besser wäre es gewesen, wenn ich geschrieben hätte: „Heinz, handle stets so, daß die Anzahl der Möglichkeiten wächst."

B. P. Können Sie diesen ethischen Imperativ erläutern?

H. F. Gemeint ist, daß man die Aktivitäten eines anderen nicht einschränken soll, sondern daß es gut wäre, sich auf eine Weise zu verhalten, die die Freiheit des anderen und der Gemeinschaft vergrößert. Denn je größer die Freiheit ist, desto größer sind die Wahlmöglichkeiten und desto eher ist auch die Chance gegeben, für die eigenen Handlungen Verantwortung zu übernehmen. Freiheit und Verantwortung gehören zusammen. Nur wer frei ist – und immer auch anders agieren könnte –, kann verantwortlich handeln. Das heißt: Wer jemand die Freiheit raubt und beschneidet, der nimmt ihm auch die Chance zum verantwortlichen Handeln. Und das ist unverantwortlich.

B. P. Aber wessen Möglichkeiten sollen vergrößert werden? Man kann doch nicht, um ein Beispiel zu wählen, die Chancen eines Propagandisten, bösartige Hetzschriften zu verbreiten, unterstützen. Das kann doch kein Ziel sein.

H. F. Warum nicht? Soll ich seine Schriften verbieten, die Bücher aus den Bibliotheken herausholen, weil sie nicht meiner Auffassung entsprechen? Die Alternative ist mörderisch. Wenn man die Wahlmöglichkeiten erweitert, dann kann man sich entscheiden, ein Kindermörder oder ein Schulbusfahrer zu werden. Die Entscheidung für den einen oder den anderen Weg verknüpft einen mit der Verantwortung. Natürlich ist es bequem, sich zu entlasten, indem man etwas verbietet oder den Umständen, den Genen oder der Erziehung, *nature or nurture,* unserer Natur oder den bösen Eltern, die

Schuld zu geben. Und es ist bequem, sich in einer Hierarchie zu verstecken und immer, wenn es eines Tages und am Ende des Krieges zum Prozeß kommt, zu sagen: „Aber ich habe doch nur Befehle und Kommandos ausgeführt! Ich kann doch nichts dafür! Es gab doch gar keine andere Möglichkeit!" Das sind, so würde ich sagen, alles Ausreden.

B. P. Glauben Sie nicht, daß man gelegentlich auch intolerant sein und die Verbreitung bestimmter Propagandamaterialien – ich denke hier etwa an neonationalsozialistische Schriften, die zur Gewalt aufrufen – verbieten muß?

H. F. Mit dieser Strategie des Verbietens kann ich Ihnen nur viel Glück wünschen, wirklich, alles Gute; ich glaube, die Zensur funktioniert nicht. Sie macht alles nur noch schlimmer. Meine Vorstellung wäre es, die Absurdität neonazistischer Ideen durch andere Ideen, denen auch die Möglichkeit der Verbreitung gegeben werden muß, zu illustrieren.

B. P. Sie meinen, daß sich das Gute, Richtige und Schöne allein durch die Aufklärung durchsetzen wird?

H. F. Sie scheinen sich in diesem Bereich sehr genau auszukennen. Woher wollen Sie wissen, was dieses Gute, Richtige und Schöne ist? Wen fragen wir beide, um dieses Wissen zu erlangen? Die Konsequenz dieser absoluten Unterscheidungen zwischen dem Guten und dem Schlechten, dem Richtigen, dem Falschen, dem Schönen und dem Häßlichen ist, daß man sich zum Richter emporschwingt und als der ewig Gerechte, der alles ganz genau weiß, begreift. Das heißt nicht, daß ich nun für einen ethischen Relativismus plädiere, überhaupt nicht, das muß nicht die Konsequenz sein. Aber ich möchte darauf aufmerksam machen, daß diese Unterscheidungen, die vermeintlich eine universale und absolute Gültigkeit besitzen, von Ihnen getroffen werden. Sie sind keineswegs losgelöst von Ihrer Person, sondern Sie tragen für ihre mögliche Durchsetzung die Verantwortung.

B. P. Diese Toleranz gegenüber den Wirklichkeiten anderer könnte einen schier handlungsunfähig machen. Was ist mit den Erlebniswelten der Kühe, der Fische und des Blumenkohls? Um zu essen, vernichte ich ihre Welt, zerstöre ich ihre Möglichkeiten.

H. F. Wollen Sie mich jetzt fragen, warum ich einen Blumenkohl esse? Wollen Sie wissen, ob es – gemäß dieses ethischen Prinzips – lieb ist, sich ein Steak zu braten?

B. P. Nicht direkt. Meine These ist, daß der Lebensvollzug eines Menschen stets auch ein Moment von Zerstörung enthält. Immer werden die Entfaltungsmöglichkeiten anderer Wesen vernichtet.

H. F. Allerdings bezieht sich mein ethischer Imperativ nicht auf die Möglichkeiten eines einzelnen Wesens, eines einzelnen Menschen oder eines einzelnen Blumenkohls, sondern auf die Vielzahl der Möglichkeiten für das Universum. Das ist gemeint. Und selbstverständlich könnte ich jetzt sagen: Wenn ich den Blumenkohl esse, dann kann ich ein schönes Gedicht schreiben, das – wenn ich verhungern müßte – nicht zustande käme. Ich habe also dem Blumenkohl die Gelegenheit gegeben, ein schönes Gedicht zu erzeugen. Aber das ist natürlich eine Ausrede.

B. P. Wie würden Sie antworten, wenn Sie nicht diese Ausrede verwenden?

H. F. Ich würde nach einer anderen Ausrede suchen; im übrigen genieße ich das sehr, wie Sie meinen ethischen Imperativ ad absurdum führen. Das zeigt doch, daß alle Aussagen nur eine endliche Reichweite besitzen. Alles was ich will ist dazu aufzufordern, die Vielzahl der Möglichkeiten zu bedenken: Wir sind frei zu wählen, wir sind frei, uns zu entscheiden. Es gibt nicht irgendeine absolute Wahrheit, die einen zwingt, die Dinge so und nicht anders zu sehen, so und nicht anders zu handeln.

Verlust des archimedischen Punktes

B. P. Dieser grundsätzliche Zweifel an der Wahrheitserkenntnis und die schlagartige Konfrontation mit einer Vielzahl von Möglichkeiten kann doch einen epistemologischen Schwindel auslösen, der dem Gefühl gleicht, den Boden unter den Füßen zu verlieren. Es gibt dann keinen archimedischen Punkt mehr, der einem Halt geben könnte. Der Neurobiologe Humberto Maturana hat davon berichtet, daß er, als er so zu denken begann, eine Zeitlang Angst hatte, verrückt zu werden. Ist Ihnen diese Angst vertraut?

H. F. Leider nicht, das ist tatsächlich ein Mangel. Als ich begann so zu denken, war das ein Spaß; ich hatte das Gefühl, eine Bürde losgeworden zu sein, frei zu werden, ich fühlte mich erleichtert. Jetzt kann ich, so schien mir, endlich meine Arme ausstrecken und das Offene des Horizonts genießen, jetzt kann ich meine Seele fliegen lassen und zum Vogel werden, der die gesamte Fülle sieht.

B. P. Für mich stellt sich die Frage, wie sich dieses Wahrheitsideal, das Sie für so zerstörerisch halten, auf eine leichte, eine flexible und tolerante Weise kritisieren läßt. Die Kritik des Wahrheitsdogmatismus darf einen ja nicht zu einem dogmatisch formulierenden Anti-Dogmatiker machen. Deshalb: Welche Methode oder Sprache gebraucht man, um selbst eine gewisse Flexibilität zu wahren?

H. F. Mir sind ein humorvoller und spielerischer Gestus wichtig, Späße, Humor und blöde Witze erscheinen mir als Möglichkeiten. Man muß den anderen zu einem Spiel einladen, das diese verhängnisvollen Kategorien des Denkens einfach in den Hintergrund treten läßt oder ganz zum Verschwinden bringt. Mit meinen Studenten habe ich, um ein Beispiel zu nennen, ausgemacht, daß jeder, der ein Wort wie „Realität", „tatsächlich", „Wahrheit", „Objektivität" verwendet, ein paar Dollar in eine Kasse zahlen muß, deren Inhalt wir dann irgendwann für eine gemeinsame Unternehmung verwendet haben. Natürlich, man darf von *der Wirklichkeit* sprechen, aber das kostet eben zwei Dollar. Und von *der Wahrheit* zu reden, kann ziemlich teuer werden. Mit Hilfe dieses kleinen gemeinsamen Spieles entstand eine Aufmerksamkeit für die autoritäre Kraft solcher Formeln, man lernt auf diese Weise, eine andere Sprache zu gebrauchen.

B. P. Wie sieht diese aus?

H. F. Es geht um den Dialog zwischen mir und dem anderen, der auf die Referenzen nach außen verzichtet. Wenn man nur für einen Moment sagt: Das bist Du, der diese Sicht der Welt produziert, das ist nicht draußen, das ist nicht irgendeine sogenannte objektive Wirklichkeit, auf die man sich beziehen kann, dann entsteht eine merkwürdige Hervorhebung der jeweiligen Persönlichkeit, die etwas sagt. Aus den allgemeinen Urteilen „es ist so!" werden Sätze, die mit „ich finde, daß …" beginnen. Man verwendet, wieder etwas geschwollen gesagt, den *selbstreferentiellen Operator* „ich finde …" und verzichtet auf den existentiellen Operator „es ist". Auf diese Weise entsteht eine vollkommen andere Beziehung, die einen freien und schönen Dialog gestattet.

B. P. Wie läßt sich diese Sprache, die das Koordinatensystem realistischer und objektivistischer Annahmen transzendiert, noch genauer beschreiben? Oder anders gesagt: Welche Form findet man, um über diese Fragen zu sprechen, ohne daß wieder etwas Festes oder ein statisches System entsteht.

H. F. Das weiß ich auch nicht; man kann diese andere Sprache nur sprechen. Man kann nur versuchen, andere einzuladen, ein Spiel mitzuspielen, das wir *die Realität* nennen. Mein Wunsch wäre es, meine Sprache so zu beherrschen, daß Ethik in jedem Dialog – ganz gleich, ob es um Politik, Wissenschaft, Poesie oder was auch immer geht – implizit bleibt, so daß ich, wenn ich einen bestimmten Satz gesagt habe, immer noch ein anständiger Mensch bin. Ein Mensch, der andere nicht zu etwas zwingen will. Ein Mensch, der sich nicht zum Richter oder Polizisten aufschwingt, sondern dem anderen seinen Raum läßt. Das ist der Grund, warum ich eigentlich keine weiteren Kriterien und Checklisten für eine endgültig richtige Sprache und Form der Darstellung nennen möchte.

Die Metapher des Tanzes

B. P. Heißt das, daß Sie glauben, daß man nicht explizit über die Kriterien einer in diesem Sinne *guten* Sprache disputieren kann, weil man auf diese Weise eben wieder ein allgemeines Programm und eine Norm, einen Zwang ins Leben ruft?

H. F. Ja, das ist die Gefahr. Schon auf die so klar und scheinbar eindeutig wertende Einordnung und auf die Attribute *gut* oder *schlecht* könnte man vielleicht verzichten; wenn diese explizit werden, entsteht erneut eine Atmosphäre der Diskreditierung. Man betont das Trennende und nicht das Verbindende zwischen Menschen und hebt es auf eine Weise hervor, die die Beziehungen stört. Mein Wunsch ist es, so zu handeln und meine Sprache in jedem Moment derart unter Kontrolle zu haben, daß auch diese Fragen nach einem guten oder schlechten Verhalten, die immer die Gefahr einer Moralpredigt in sich bergen, nicht mehr explizit besprochen werden müssen. Ich wünsche mir sehr, so sprechen zu können und versuche es, so gut ich es eben kann.

B. P. Gibt es nicht noch andere Möglichkeiten, über die Merkmale dieses implizit ethischen Sprachgebrauchs zu reden, der den ewigen Streit um die Wahrheit gar nicht erst aufkommen läßt? Es leuchtet mir aus Ihrer Sicht ein, daß Sie auf die „objektiven Notwendigkeiten“ oder eine statische Unterscheidung von „gut oder schlecht“ nicht verweisen wollen. Aber lassen sich nicht Bilder und Metaphern finden, die das, worum es geht, auf eine eben auch indirekte Weise sichtbar machen und andeuten, die Hinweise geben?

H. F. Mir ist das Bild des Tanzes am liebsten, aber das muß natürlich nicht für andere gelten. Im Englischen heißt es: „You can't tango alone! You need two to tango.“ Man braucht den anderen und versucht den Tanz mit der Welt, man führt sich gegenseitig, erspürt den gemeinsamen nächsten Schritt und verschmilzt mit den Bewegungen des anderen zu ein und derselben Person, zu einer Wesenheit, die mit vier Augen sieht. Wirklichkeit wird zur Gemeinsamkeit und zur Gemeinschaft. Man entscheidet sich nicht programmatisch dafür, jetzt zu tanzen, sondern tut es, man tanzt ganz einfach. Und plötzlich dreht man sich, sieht wieder etwas Neues, gänzlich Unerwartetes.

B. P. Das ist ein wunderbares Bild, eine wunderbare Metapher. Ziel der Bewegung, die im Tanz ausgeführt wird, ist es nicht, möglichst schnell den Ortswechsel zu vollziehen und von hier nach dort zu gelangen; die Bewegung selbst ist zentral, sie ist nicht nur ein bloßes Mittel, um ein Ziel zu erreichen.

H. F. Das sehe ich genauso; es geht, so würde ich sagen, um eine selbstreferentielle Bewegung. Der Tanz ist das Ziel des Tanzes. Der Tanz entsteht durch das Tanzen. Die Buddhisten sagen: „You lay a path by walking it!" Der Weg ist nichts Ewiges und von vornherein Festgelegtes, er entsteht im Moment des Gehens, im Augenblick der Bewegung.

3. Die Gefahr des Etiketts

Skeptische Bemerkungen zum Konstruktivismus

B. P. Man muß ergänzen, daß viele der Überlegungen unseres bisherigen Gesprächs über Wahrheit und Wahrnehmung durchaus einen Namen haben und heute in der akademischen und nichtakademischen Welt unter der Bezeichnung *Konstruktivismus* für Furore sorgen. Man kann in verschiedenen Philosophielexika nachlesen, daß Sie – und einige andere Autoren – es gewesen sind, der diese Denkschule, die heute so vielfältig ausgearbeitet wird, wesentlich geprägt und inspiriert hat. Und doch zeigen Sie keinerlei Ambition, hier Vaterschaft anzumelden. Um genau zu sein: Sie haben den Begriff *Konstruktivismus* bislang nicht ein einziges Mal verwendet.

H. F. Auch dieses Wort will ich mittlerweile eigentlich ganz gerne zum Verschwinden bringen; und nach meiner eigenen Regel müßte ich Ihnen, wenn ich es nun loswerden will und trotzdem gebrauche, ein paar Dollar zahlen. Das ist der Grund, warum ich so sparsam mit diesem Begriff umgehe: Ich will meine Dollars lieber behalten.

B. P. Wie sind Sie selbst mit dieser Denkschule, die heute Konstruktivismus genannt wird, in Berührung gekommen? Gab es da einen konkreten Anlaß?

H. F. Im Jahre 1972 lud mich Wolfgang Preiser zu einer der frühen ökologischen Konferenzen ein. Meine Freunde entdeckten zu dieser Zeit gerade die Umwelt, verstanden als eine vom Menschen getrennte Entität, die vor unseren Übergriffen zu schützen ist. Während dieser Tagung hielt ich einen Vortrag, der den Titel trug: „On constructing a reality". Mein Ziel war es, diese Umwelt als unsere Erzeugung und Erfindung begreifbar zu machen und wieder ganz in unseren Verantwortungsbereich hineinzurücken, so daß ihre Zerstörung als eine Selbstzerstörung wahrnehmbar ist und die starre Unterscheidung von einem Innen und Außen hinfällig wird. Ich wußte damals noch gar nichts von jener konstruktivistischen Denkschule, die heutzutage so große Mode ist.

B. P. Aber Sie sind doch ein Konstruktivist. Auch Sie behaupten – ganz simpel formuliert –, daß sich jeder Mensch als Mitglied einer bestimmten Kultur oder Gemeinschaft oder auch als Individuum, das an seine besondere biologische Konstitution gebunden ist, seine eigene Wirklichkeit konstruiert.

H. F. Nein, ich bin ein Wiener, das ist die einzige Zuschreibung und Bestimmung meiner Person, die ich akzeptieren muß: Ich komme nun mal aus Wien, dort bin ich geboren, das steht fest. Natürlich, da haben Sie schon recht, gibt es ein paar Leute, die behaupten, ich sei der Vertreter einer bestimmten Erkenntnistheorie. Aber das stimmt nicht; ich habe überhaupt keine Erkenntnistheorie, sondern ich staune, ich lasse mich von der Welt faszinieren – und versuche, sie zu verstehen. Heute morgen, bevor Sie mich besuchten, saß ich an meinem Schreibtisch und entdeckte eine winzige Fliege, die sich auf meinem Buch, das ich gerade las, niedergelassen hatte. Ich betrachtete diese Fliege ganz vorsichtig unter einem Vergrößerungsglas, ließ mich von ihren Augen faszinieren. Ich sah und beobachtete die Bewegungen ihrer Beinchen. Bis sie plötzlich davonflog. Vielleicht habe ich sie gestört, mich zu sehr bewegt, wie auch immer. Verstehen Sie? Das ist doch etwas Unglaubliches, das ist doch ein Wunder: Wie macht diese winzige Fliege das? Wieso kann sie fliegen, mein Buch ansteuern, sich paaren, eine eigene Familie gründen? Wie ist das möglich? Ihr Hirn wiegt vielleicht weniger als ein Mikrogramm, und sie ist selbst nur einen Millimeter groß. Aber dieses winzige Ding kann das alles, es überlebt, ohne unsere Hilfe, allein in der Welt. Darum geht es. Mich beschäftigt nicht irgendeine Epistemologie, sondern meine gesamte Erkenntnistheorie ist eigentlich, wenn man so will, eine *Neugierologie.*

B. P. Sie wollen sich nicht festlegen lassen.

H. F. Mich stört das gesamte Vokabular. Wenn jemand von Konstruktivisten und Realisten, Objektivisten, Subjektivisten und Postmodernisten spricht und diese ganze Terminologie ins Spiel bringt, würde ich am liebsten sagen: „Vielen Dank, mir reicht's, ich gehe ins Kino. Das ist interessanter!" Wollen wir doch, wenn wir miteinander sprechen und uns über diese Themen unterhalten, die Etikette weglassen. Warum sollen wir auf die Esel springen, die hier durch die Manege öffentlicher Debatten und Auseinandersetzungen getrieben werden? Manche Leute sitzen auf dem Esel, den man Subjektivismus nennt; andere hocken auf jenem, den man als Objektivismus bezeichnet; wieder andere nennen sich Relativisten oder Realisten, Konstruktivisten oder Dekonstruktivisten. Und eine Gruppe hat sich das Label *Postmodernismus* angeheftet; die einen rufen Muh, die anderen Mäh. Und dann rennen die diversen Esel gegeneinander – und das Ergebnis ist, daß niemand mehr zuhört.

B. P. Aber diese Etikette haben doch zumindest manchmal den Sinn, auch eine produktive Auseinandersetzung auszulösen. Man kann eine solche Position verwenden, um sie gegen die Anmaßungen der jeweils anderen stark zu machen. Das war Paul Feyerabends politisches und erkenntnistheoretisches Programm. Den relativistischen Slogan „Anything goes!" benutzte er, um gegen einen übermächtigen Objektivismus zu protestieren; und umgekehrt könnte man natürlich in einer Zeit, in der der Relativismus Mode wird und zur Sektenbildung in akademischen Kreisen führt, den Objektivismus stärken. Das Ergebnis ist in jedem Fall Bewegung.

Ein Versuch, den großen Worten zu entgehen

H. F. Sie sind, so scheint mir, ein hervorragender Didaktiker; das ist eine vorzügliche didaktische oder auch politische Strategie, die Sie hier vorschlagen, um einen Dialog in Gang zu bringen. Aber das kann doch nur der Anfang sein, um etwas Bewegung in die relativistischen und objektivistischen Clubs zu bringen. Ich möchte dagegen aus der Manege heraustreten und den gesamten Zirkus verlassen. Mein Ziel ist es, den großen Worten zu entgehen, überall Löcher in diese Wortballons zu pieksen und auch zu einer Skepsis gegenüber dem *Konstruktivismus* zu inspirieren. Es ist, das muß man sich klarmachen, ein bestimmtes Spiel, das hier gespielt wird: Man will den anderen durch eine besondere Sprache beeindrucken, rechnet damit, daß er nicht so genau weiß, wovon die Rede ist und daß er sich demgemäß als der Unterlegene fühlt.

B. P. Was haben Sie gegen den Terminus Konstruktivismus? Ist es der *Ismus,* der per se unter Ideologieverdacht steht?

H. F. Das Problem ist, daß solche Etikette die Verständigung und das wechselseitige Zuhören stören. Ob das jetzt Konstruktivismus heißt oder Schnapsodivismus oder Klapsodivismus, in welche philosophische oder sonstige Kategorie das hineingepreßt wird – immer wird es darauf hinauslaufen, daß man die Sache selbst mit einem vorschnellen Etikett erledigt.

B. P. Das Etikett gibt dem Nachdenken eine zu starke Richtung?

H. F. Mehr noch, es bringt die ganze Idee um. Sofort wird ein Club gebildet; man streitet sich: Ist es mehr die rechte, die linke, die obere oder die untere Kategorie? Oder müssen wir differenzieren? Ist Humberto Maturana vielleicht gar kein Konstruktivist, sondern ein „forthcomist", weil er immer von „the forthcoming of reality" – dem Entstehen von Realität – spricht und nicht vom Konstruieren von Wirklichkeit? Gehören die Ideen eines gewissen Heinz von Foerster eher in das Gebiet der Postmoderne? Muß man Ernst von Glasersfeld vielleicht als einen „Passisten" bezeichnen, weil er uns darauf aufmerksam macht, daß unsere Erfindungen zur Realität passen müssen? Nein, ich glaube, daß schon der Name Konstruktivismus eine Katastrophe für die dahinterstehende Welt von Ideen darstellt. Das, was Konstruktivismus genannt wird, sollte, so meine ich, schlicht eine skeptische Haltung bleiben, die die Selbstverständlichkeiten des Realismus in Zweifel zieht. Dann ließe sich vielleicht etwas freier sprechen. Man könnte auf andere Sichtweisen aufmerksam machen, sich von den schon vorgegebenen Urteilen und Denkweisen befreien. Das ist jedenfalls alles, was ich will.

B. P. Mir scheint Ihre Totalablehnung dieses gesamten Vokabulars etwas überzogen, weil sie die Funktion solcher konventionalisierter und meinetwegen auch modischer Begriffe übersieht: Sie sind einfach ökonomisch, sie erlauben es, auf der Basis eines gemeinsamen Vorverständnisses miteinander zu sprechen, ohne immer am Beginn jedes Gesprächs auch noch die Grundlagen klären zu müssen.

H. F. Was Sie als konventionalisierte Verständigung und Kommunikation bezeichnen, erscheint mir eher als Mißverständnis und Nichtkommunikation. Ich fände es angenehmer, wenn man mir zuhören würde, ohne mich mit irgendeiner Vokabel festzunageln, ohne gleich zu etikettieren: Heinz von Foerster, das ist ein Konstruktivist!

Und das sind die Leute, die glauben, daß alles Illusion ist, daß in der Welt keine wirklichen Gegenstände herumkugeln. Mir würde es eher gefallen, wenn man sich fragen würde: Wer ist dieser Heinz von Foerster? Natürlich ist er verrückt, das ist schon klar. Aber wer ist er? Was möchte er sagen? In dem Moment, in dem der andere sich diese Fragen stellt, beginnt er zuzuhören. Unser Gespräch bekommt eine Basis. Und der Tanz des gemeinsamen Dialogs kann beginnen.

4. Erklärung der Erklärung

Ursache und Wirkung

B. P. Aus dieser skeptischen Perspektive, die neue Möglichkeiten der Wahrnehmung eröffnet, läßt sich auch eine Denkfigur betrachten, die Sie in Ihren Vorträgen immer wieder zum Thema gemacht haben: Es ist die Erklärung oder das Erklärungsprinzip. Aber zuerst: Was bedeutet es, etwas verstehbar und durchschaubar zu machen, es zu erklären?

H. F. Wie eine Erklärung zustandekommt, das wird in dem berühmten Metalog deutlich, den Gregory Bateson verfaßt hat. Hier fragt eine Tochter ihren Vater: „Papi, was ist ein Instinkt?" Seine Antwort lautet: „Ein Instinkt, mein Schatz, ist ein Erklärungsprinzip." Und sie fragt nach: „Was erklärt es?" Der Vater sagt: „Alles, fast alles, was du dadurch erklärt haben möchtest." Die Tochter: „Erklärt es denn auch die Schwerkraft?" Und der Vater meint: „Wenn man wollte, könnte es auch die Schwerkraft erklären. Wir könnten ja einfach sagen, der Mond hat einen Instinkt, dessen Stärke umgekehrt proportional ist zu dem Quadrat seiner Entfernung ..." Die Tochter sagt: „Aber Papi, das ist doch Unsinn!" – „Ja, sicher", meint der Vater, „aber du hast doch mit dem Instinkt angefangen, nicht ich." Darauf die Tochter: „Aber was erklärt denn dann die Schwerkraft?" Der Vater: „Nichts, mein Schatz, denn die Schwerkraft ist ein Erklärungsprinzip." Die Tochter: „Was bedeutet das bitte?" Und der Vater sagt: „Nun, du weißt ja, was Erklärungsprinzipien sind. Jede Aussage, die zwei deskriptive Aussagen miteinander verknüpft, ist ein Erklärungsprinzip. Man betrachtet etwa den Mond und sagt: ‚*Heute war er hier! Und gestern war er dort!*'"

B. P. Will der Vater der Tochter sagen, daß Erklärungen unsere Konstrukte sind?

H. F. Er will ihr zeigen, daß es sich um semantische Phänomene handelt. Man sieht den Mond an einem Tag an einer bestimmten Stelle und am nächsten Tag an einer anderen; diese beiden Beobachtungen verknüpft man durch ein sogenanntes Naturgesetz, das den Mond – so meint man – dazu gebracht hat, den Ortswechsel zu vollziehen. Das nennt man dann eine kausale Erklärung. Und diese besitzt eine triadische Struktur. Sie umfaßt eine Ursache, eine Wirkung und eine Regel der Transformation: ein Gesetz, das der Veränderung, die man beobachtet hat, zugrundeliegt. Man hat ein Stück Kreide zwischen den Fingern, öffnet die Finger, das Stück Kreide fällt auf den Boden. Die Beobachtung, die man machen kann, ist: Das Stück Kreide fällt. Als die Ursache läßt sich das Öffnen der Finger begreifen. Und die Wirkung ist das Fallen der Kreide. Als die Regel der Transformation wird die Schwerkraft angegeben. Allerdings: Schon von Ludwig Wittgenstein wissen wir, daß der Glaube an den Kausalnexus ein moderner Aberglaube ist.

B. P. Wollen Sie sagen, daß Erklärungen nicht den tatsächlichen Gesetzen in der Natur nachgebildet sind, daß sie keine Entsprechung in der Wirklichkeit besitzen?

H. F. Jedenfalls ist klar, daß die Naturgesetze von uns geschrieben werden können, sie sind erfunden. Das läßt sich leicht zeigen, aber das wissen wir ja schon.

B. P. Das wissen wir gar nicht; das ist Ihre Behauptung.

H. F. Ein Naturgesetz hat immer einen Autor; gemäß den Gesetzen von Sir Isaac Newton müßte sich der Planet Merkur zu bestimmten Zeitpunkten an bestimmten Stellen befinden. Das Dumme ist nur, daß der Merkur diesem Gesetz nicht brav Folge leistet. Er findet sich nicht zum prognostizierten Zeitpunkt an der vorausberechneten Stelle ein. Was macht man nun? Wenn jemand ein Gesetz erläßt, das es verbietet, Äpfel zu stehlen und jemand stiehlt einen Apfel, dann wird gewöhnlich der Apfeldieb bestraft und nicht der Gesetzgeber. Die Lage ist klar. Aber im Falle des Merkur, der sich gegenüber dem Naturgesetz renitent zeigt, wird es schon schwieriger. Soll man – von einem juristischen Standpunkt aus – Newton oder den Merkur bestrafen? Wer muß ins Gefängnis? Derjenige, der ein Naturgesetz erfunden hat, das den Bewegungen des Merkur nicht angemessen ist oder der Planet, der sich nicht auf die vorausberechnete Weise verhält?

Die Gesetze des Menschen und die Gesetze der Natur

B. P. Mein Eindruck ist, daß Sie an dieser Stelle zwei Kategorien vermischen, die man auseinanderhalten muß: das juristische, normativ gemeinte Gesetz und das deskriptiv zu verstehende Naturgesetz.

H. F. Die Gemeinsamkeit zwischen den beiden Kategorien besteht in dieser Zwangsstruktur; man meint, daß der Mensch oder die Natur sich *gemäß diesem Gesetz* verhalten müssen. Schon wenn ich das Wort *Gesetz* höre, sehe ich immer ein Gefängnis – und möchte am liebsten anfangen zu laufen. Aber wie auch immer: Was bedeutet es, so möchte ich nun fragen, wenn man das Gesetz nicht befolgt. Was geschieht, wenn jemand einen Apfel stiehlt? Was passiert, wenn der angebliche Apfeldieb darauf hinweist, daß er sich den Apfel nur ausgeliehen hat und ihn demnächst zurückbringen möchte? Wessen Geschichte zählt? Muß man nicht das Gesetz ändern, das einem Verhalten so offenkundig nicht angemessen ist?

B. P. Trotzdem gibt es einen fundamentalen Unterschied zwischen deskriptiven und präskriptiven Gesetzen. Selbstverständlich wird gelegentlich – obwohl dies vielleicht verboten ist – ein Apfel gestohlen. Dagegen hat zum Beispiel das Naturgesetz der Schwerkraft universale Gültigkeit. Ein Apfel fällt immer nach unten. Er fällt niemals nach oben.

H. F. Wer weiß? Schon der Merkur hat sich ja – folgt man Newtons Gesetz – nicht folgsam verhalten. Ich möchte nochmals die Frage stellen: Wer soll bestraft werden? Was muß geändert werden? Kurzum: Ich möchte dafür plädieren, die Gesetze zu ändern, wenn sich Phänomene und Verhaltensweisen finden lassen, die nicht zu ihnen passen. Man muß dann andere Gesetze erfinden.

B. P. Das klingt ja schrecklich. Auf diese Weise ließe sich jedes Gesetz, das ein Verbrechen verbietet, mit dem Hinweis kippen, daß dieses Verbrechen geschieht – und deshalb das Gesetz offenbar nicht angemessen und menschengemäß ist.

H. F. Das ist schon richtig. Mein Vorschlag ist es aber, die gesamte Problematik aus einer anderen Perspektive zu betrachten, die die schlichte Behauptung, man müsse die Gesetze als gegeben hinnehmen, relativiert. Ich möchte den Glauben an ihre absolute Gültigkeit irritieren. Sie müssen wissen, daß es eine Zeit in meinem Leben gab, in der die Gesetze so komplett wahnsinnig waren, daß man einfach hätte sagen müssen: Diese widerlichen Gesetze müssen weg, sie passen nicht zu einem menschlichen Miteinander, die Gesetzgeber gehören eingesperrt.

B. P. Sie meinen die Zeit des Nationalsozialismus?

H. F. Ja; damals hat sich mir die Frage gestellt: Wer hat dieses Gesetz erfunden, das die Ermordung von Menschen legalisiert? Wer ist für diesen verbrecherischen Wahnsinn, gegen den man sich stemmen muß, verantwortlich? Worauf ich aufmerksam machen will, ist, daß alle Gesetze Erfindungen sind, daß sie von uns geschaffen und geändert werden können. Der Wechsel der Perspektive, von dem ich spreche, macht es möglich, den Urheber eines Gesetzes ganz ins Zentrum zu rücken – und sich zu fragen, ob die von ihm erfundenen Regeln eine Sozialstruktur begünstigen, die ein schöpferisches, kreatives und freundliches Miteinander gestatten.

B. P. Ich beginne, Sie zu verstehen. Ihnen geht es darum, auf denjenigen hinzuweisen, der von einem Gesetz spricht. Und Sie möchten seine Aussagen vollständig in seinen Verantwortungsbereich hineinrücken.

H. F. Das ist eine gute Interpretation. Man muß sich einfach klarmachen, daß jede Vorstellung von einem Gesetz eine hemmende Wirkung besitzt. Es gestattet nur eine Sicht der Dinge, nur einen möglichen Weg, nur eine korrekte und erlaubte Verhaltensweise. Wenn man ein Gesetz als Erfindung begreift, dann betrachtet man für einen Moment nicht jene, die sich vermeintlich falsch benehmen, sondern den Erfinder, den Menschen, der dieses ausgesprochen hat. Er rückt auf diese Weise in den Mittelpunkt der Wahrnehmung, er wird verantwortlich für seine Aussagen. Es gerät die Möglichkeit in den Blick, das Gesetz – weil es vielleicht nicht zu den beobachteten Phänomenen oder unseren Vorstellungen von Menschlichkeit paßt – zu ändern.

B. P. Und doch scheint mir der Begriff der Erfindung nicht glücklich gewählt. Wenn man von „erfundenen Naturgesetzen" spricht, dann denkt man, daß hier von einem erkenntnistheoretischen Standpunkt aus die fehlende Realitätshaltigkeit des Gesetzes betont wird. Aber Ihnen geht es doch eigentlich, so meine ich, um die ethische Dimension, um die Verantwortung des Erfinders.

H. F. Ich bin, dies ist wohl richtig, kein Anti-Realist. Was ich zeigen möchte, ist, daß man sich hinter der vermeintlichen Realität eines Gesetzes verstecken kann und sich zum Sprachrohr dessen, was ist und zu sein hat, stilisiert. Eine die Verantwortung sichtbar machende Formulierung müßte lauten: „Es ist so, wie Du es sagst." Und nicht: „Ich sage es, weil es so ist." – Aber darf ich an dieser Stelle unseres Gesprächs über die Gesetze und Naturgesetze wieder zu den Erklärungsprinzipien und der Kausalitätsidee zurückkehren? Ich möchte nochmals betonen, daß ich Erklärungen als das Ergebnis einer semantischen Verknüpfung von zwei Beobachtungen begreife. Seit Aristoteles wissen wir nun, daß das zentrale Erklärungsprinzip unserer Kultur – die Kausalitätsidee – in verschiedenen Varianten vorkommen kann, die jeweils eine andere Beziehung zwischen zwei Beschreibungen stiften. Da sind etwa die *Causa finalis* und die *Causa efficiens.* Die Causa efficiens ist besonders beliebt: Man geht von einer Ursache in der Vergangenheit aus, die – gemäß einer Transformationsregel – eine Wirkung in der Zukunft erzeugt. Man hält etwas in der Hand, öffnet diese und der Gegenstand fällt – dem Gesetz der Gravitation folgend – nach unten. Die Ursache wirkt, wenn man so will, von hinten. Die Causa finalis beschreibt eine erstrebte Wirkung in der Zukunft, die eine Handlung in der Gegenwart auslöst. Die Ursache wirkt sozusagen von vorne. Man denke nur, wenn es um dieses Kausalprinzip geht, an das in unserem Jahrhundert so beliebte Joggen, von dem amüsanterweise wohl schon

Aristoteles eine Vorahnung besaß: Man rennt und rennt, um eines fernen Tages ganz besonders fit und gesund zu sein. Die Ursache der eigenen Handlung in der Gegenwart liegt in der Zukunft. Worauf es ankommt, ist, daß die Causa efficiens und die Causa finalis ein und dieselbe triadische Struktur besitzen, es ist eine bestimmte Form, die hier gewählt wird. Sie ist, so läßt sich zeigen, der deduktiven Logik nachempfunden. Da hat der Aristoteles das her.

Warum Sokrates sterben mußte

B. P. Wie sieht diese Ähnlichkeit zwischen der Struktur einer kausalen Erklärung und der deduktiven Logik aus?

H. F. In der deduktiven Logik gibt es den Syllogismus, man benutzt ihn, um zu einer Schlußfolgerung zu gelangen, er ist eine Methode des Denkens, die dazu dient, scheinbar unumstößliche Feststellungen zu machen. Unterschieden werden der Obersatz, der Untersatz und die Schlußfolgerung. Man kann etwa, um dieses berühmte und längst klassisch gewordene Beispiel herauszugreifen, sagen: Alle Menschen sind sterblich; das ist der Obersatz. Der Untersatz lautet: Sokrates ist ein Mensch. Der Schluß muß notwendigerweise heißen: Sokrates ist sterblich.

B. P. Worum geht es? Möchten Sie auf eine Parallelität zwischen der Struktur kausaler Erklärungen und dem Syllogismus hinweisen?

H. F. Die kausale Erklärung hat Aristoteles der syllogistischen Struktur nachempfunden, das sind verwandte Denkfiguren. Mein Anliegen ist es, schon den Obersatz – wie auch immer dieser lautet – in Zweifel zu ziehen und die Frage zu stellen, ob zum Beispiel die Sterblichkeit des Sokrates eine Eigenschaft dieses Philosophen oder vielmehr eine Eigenschaft des Syllogismus darstellt. Denn wenn ich von dem genannten Obersatz ausgehe, dann muß der arme Sokrates, wenn man ihn in diese syllogistische Maschine hineinschiebt, unten als eine Leiche herauskommen. Wenn man die Prämisse in dieser Form akzeptiert, dann gibt es keinen Ausweg.

B. P. Wollen Sie, um bei dem Beispiel zu bleiben, im Ernst bezweifeln, daß alle Menschen sterblich sind?

H. F. Nun, wir wissen in der Tat nicht, ob alle Menschen sterben müssen. Machen Sie sich bitte klar, daß es in der Geschichte der Erde etwa achtzig Milliarden Menschen gegeben hat, von denen rund sechs Milliarden heute leben. Das heißt, daß etwa acht Prozent der Menschheit bislang nicht gestorben ist. Um ganz sicher zu sein, müssen wir warten, bis auch der letzte tot ist. Es gibt immerhin eine gewisse Wahrscheinlichkeit, daß manche Menschen unsterblich sind. Natürlich, man könnte sie umbringen, das wäre auch eine Möglichkeit, um die ewige Gültigkeit dieses Obersatzes zu beweisen. Aber noch sind sie alle ziemlich lebendig. – Verstehen Sie, was ich sagen will?

B. P. Nein, überhaupt nicht.

H. F. Was ich meine ist, daß der fundamentale Obersatz, der von der Sterblichkeit aller Menschen handelt, nichts mit Menschen zu tun hat, die leben. Es ist schlicht und einfach ein Satz, mit dem ein zweiter verbunden wird, was dann, wenn man den Regeln folgt, augenblicklich und zwangsläufig zum Tod des armen Sokrates führt, der nun mal ein Mensch ist. Die Schlußfolgerung, die hier auftaucht, ist nichts anderes als die Anrufung einer eingebauten Gesetzmäßigkeit, die nicht die tatsächlichen Verhältnisse in der Welt abbildet.

B. P. Sie scheinen die syllogistische Struktur als eine logische Zwangsjacke zu empfinden, die Sie gerne loswerden möchten. Aber mir ist noch nicht klar, welchen Sinn dieser Fundamentalzweifel haben soll.

H. F. Es ist ein Irrglaube, daß diese logischen Deduktionen, nach denen Erklärungen geformt sind, ein für allemal Gültigkeit besitzen. Man muß bereits die Prämisse als eine Wahrheit hinnehmen, um diese absolute Sicherheit zu konstruieren. Man spielt ein grammatisches Spiel mit vorher festgelegten Ergebnissen. Ich schlage dagegen vor, stets bereits die Prämissen zu hinterfragen.

B. P. Aber was ist so schlimm an den Kausalprinzipien und den syllogistischen Strukturen, die ja auch in unserem Alltagshandeln und unserem Nachdenken über die Welt eine wichtige, orientierende Funktion besitzen. Sie bilden ein Element der Stabilität, sie stiften Verläßlichkeit. Wir handeln, um etwas zu erreichen, wir tun etwas, um eine bestimmte Wirkung zu erzeugen. Wir neigen dazu, unsere eigene Lebensgeschichte anhand solcher Kausalitätsvorstellungen zu interpretieren, führen beispielsweise ein gegenwärtiges Leid auf eine schlimme Kindheit zurück (Psychoanalyse), sehen ein Verhalten, das als Wirkung begriffen wird, als Ergebnis eines bestimmten ursächlichen Stimulus (Behaviorismus), begreifen uns – gemäß eines politisch-ideologischen Modells der Weltwahrnehmung – als determiniert durch materielle Gegebenheiten (Marxismus). Wie sieht ein Leben aus, das sich nicht der – wie Sie sagen – konstruierten Verläßlichkeit kausaler Erklärungen beugt?

H. F. Es ist sehr amüsant und voller Abwechslungen; es ist ein reiches Leben, in dem man sich in jedem Moment für eine Art und Weise zu denken entscheidet. Man akzeptiert eine Prämisse, oder man akzeptiert sie eben nicht. Entweder nähert man sich seinen Mitmenschen, um ihnen mit donnernder Stimme klarzumachen, daß sie alle sterben und den Tod bedenken müssen. Möglich ist es jedoch auch, an diese anderen Menschen, die noch leben, heranzutreten, um mit ihnen gemeinsam das eigene Lebendigsein zu feiern. Die Akzeptanz einer Prämisse ist eine Entscheidung für eine jeweils besondere und andere Welt. Und es liegt an uns, diese anderen Welten entstehen zu lassen.

B. P. Welche Betrachtungsweisen, die nicht auf linearen Kausalitätsvorstellungen basieren, könnten in den Vordergrund treten?

H. F. Denken Sie an die Parabel, das Gleichnis, die Analogie, die Geschichte. Das sind Erklärungsprinzipien, die bedauerlicherweise von der Kausalitätsidee verdrängt wurden, die sich wie ein Krebsschaden überall eingeschlichen hat. Jesus hat niemals von der Kausalität geredet, um seinen Worten Nachdruck und Autorität zu verleihen. Er hat in Bildern gesprochen und keine kausale Beziehung zwischen einem Kamel, das nicht durch ein Nadelöhr kommt, und reichen Männern konstruiert, sondern Analogien verwendet, Parabeln, Geschichten. Und die Menschen haben ihn verstanden. Das Problem ist die soziale Prägekraft und Macht der Kausalitätsidee, die andere Formen und Möglichkeiten, sich und die Welt zu verstehen zum Verschwinden bringt. Man glaubt heute unbedingt an die Verbindung von einer Ursache mit einer Wirkung. Das erscheint mir als eine entsetzlich triviale Vorstellung von den Zusammenhängen in der Welt. Denn es ist nicht alles ermittelbar und auf die Kausalitätsidee zurückzuführen. Es gibt Überraschungen, Wunder, zu bestaunende Ereignisse.

Triviale und nichttriviale Maschinen

B. P. Sie meinen, daß es falsch ist zu glauben, alles ließe sich kausal erklären?

H. F. Die Voraussetzung, um überhaupt von einer Ursache-Wirkungs-Beziehung zu sprechen, ist, daß die Transformationsregel bekannt ist. Man muß wissen, was *die Causa,* die Ursache, zu einer Wirkung macht; aber wenn man, wie sich zeigen läßt, dieses Wissen prinzipiell nicht haben kann, dann hat es überhaupt keinen Sinn, von Kausalität zu sprechen. Wir haben es dann, wie ich sagen würde, mit einer besonderen Maschine zu tun: Sie ist nichttrivial, sie ist keine triviale Maschine.

B. P. Was sind triviale und nichttriviale Maschinen? Und: Was haben diese mit kausalen Erklärungen zu tun?

H. F. Die Unterscheidung von trivialen und nichttrivialen Maschinen bietet die Möglichkeit, jene Verflachungen, die die Kausalitätsidee erzeugt, deutlich zu machen. Die triviale Maschine ist das Steckenpferd aller Anhänger der Kausalidee. Wir müssen, um sie genauer zu bestimmen, eine Ursache oder einen Input, eine Regel der Transformation und eine Wirkung bzw. einen Output unterscheiden (s. Abb. 2). Man stelle sich eine Gruppe von Ereignissen vor, die wir formal mit A, B, C und D und mit den Zahlen 1, 2, 3 und 4 bezeichnen können. Im Falle einer trivialen Maschine zeigt sich, daß es eine gesetzmäßige Beziehung zwischen diesen Ereignissen gibt. Das heißt: Aus einem Reiz, einer Ursache, einem Input produziert sie, einer vorgegebenen Regel folgend, verläßlich und stets fehlerfrei eine entsprechende Reaktion, eine Wirkung, einen Output. Beispielweise gibt man A als einen Input ein – und die Maschine erzeugt 1 als Output. B wird zum Input – und das Ereignis 2 zum errechneten Output. Und so weiter. Die triviale Maschine liefert uns stets einen bestimmten Output. Das bleibt so, immer.

B. P. Die triviale Maschine ist berechenbar.

H. F. Es existiert eine unbedingte und unveränderliche Relation zwischen Input und Output. Die triviale Maschine ist ausgesprochen zuverlässig, ihre inneren Zustände bleiben stets dieselben, sie ist vergangenheitsunabhängig, synthetisch und analytisch bestimmbar. Ihre Übertragungsfunktion kann man – falls man sie aus irgendeinem Grund vergessen haben sollte – durch ganz einfache Input-Output-Versuche herausbekommen; das Experiment der Analyse ist trivial. Und das ist der eigentliche Grund für ihre Beliebtheit; ich behaupte, daß sich unsere westliche Kultur geradezu in diesen Typ von Maschine verliebt hat. Sie ist der Inbegriff unserer Sehnsucht nach Gewißheit und Sicherheit. Wenn wir ein Auto kaufen, verlangen wir eine Trivialisationsgarantie, wir möchten gerne, daß sich das Auto – zumindest während der vertraglich garantierten Zeit – auf eine stets berechenbare Weise verhält. Und wenn es dies nicht tut, dann bringen wir es zu einem Trivialisateur, der unseren Wagen wieder trivialisiert.

B. P. Aber die erneute Verwandlung eines nicht mehr richtig funktionierenden Autos in eine triviale Maschine ist doch sehr sinnvoll und eventuell lebensnotwendig.

H. F. Korrekt, allerdings gibt es viele weniger sinnvolle Bestrebungen, die Natur, unsere Mitmenschen und unsere Umwelt in eine triviale Maschine zu verwandeln. Denken Sie nur an den gesellschaftlichen Umgang mit Kindern, die sich – zu unserem Schrecken – vielfach auf eine nichttriviale Weise verhalten. Man fragt ein Kind: „Was ist zwei mal zwei?“ Und es sagt: „Grün!“ Eine solche Antwort ist auf eine geniale Weise unberechenbar, aber sie scheint uns unzulässig, sie verletzt unsere Sehnsucht nach Sicherheit und Berechenbarkeit. Dieses Kind ist noch kein berechenbarer Staatsbürger, und vielleicht wird es eines Tages nicht einmal unseren Gesetzen folgen. Die Konsequenz ist, daß wir es in eine Trivialisationsanstalt schicken, die man offiziell als Schule bezeichnet. Und auf diese Weise verwandeln wir dieses Kind Schritt für Schritt in eine triviale Maschine, das unsere Frage „Was ist zwei mal zwei?“ auf immer dieselbe Weise beantwortet.

B. P. Wie lassen sich die nichttrivialen Maschinen bestimmen?

H. F. Das sind ziemlich knifflige Dinger, denn sie haben so etwas wie einen inneren Zustand (s. Abb. 4). Nichttriviale Maschinen ändern ihre innere Struktur und die Transformationsregeln immer wieder. Wir können uns erneut eine Gruppe von möglichen Eingaben und Ereignissen (A, B, C und D) und eine Gruppe von potentiellen Resultaten (1, 2, 3 und 4) vorstellen. Wieder läßt sich ein einfaches Experiment durchführen: Man gibt beispielsweise den Buchstaben A als einen möglichen Input ein – und die Maschine erzeugt den Output 1. Dann wiederholt man den Vorgang – und es kommt 4 heraus. Man gibt wieder A ein – und es kommt 1 heraus, bei einer erneuten Eingabe von A erzeugt unsere Maschine wiederum einen anderen Wert. Was ist da los? Eine solche nichttriviale Maschine ist analytisch nicht bestimmbar, denn sie variiert die Regel der Transformation immer wieder. Würden wir die Regel kennen, die die Transformationsregeln ändert, könnten wir auch die nichttriviale Maschine entschlüsseln und durchschauen. Aber wenn das nicht der Fall ist, dann wird es schwierig und, wie sich zeigen läßt, unmöglich, die Outputs dieser nichttriviale Maschine vorherzusagen. Es läßt sich zum Beispiel zeigen, daß die Anzahl der möglichen nichttrivialen Anagramme, die mit einem Alphabet von nur vier Buchstaben operieren, das Alter der Welt, gegeben in Mikrosekunden, bei weitem übersteigt. Das Experiment der Analyse ist nichttrivial und das analytische Problem unlösbar.

B. P. Was ist das analytische Problem?

H. F. Gegeben ist ein System, eine Maschine, ein lebendes Wesen. Und das analytische Problem lautet: Wie funktioniert dieses System, diese Maschine, dieses lebende Wesen? Und kann man in einer endlichen Folge von Experimenten die operativen Eigenschaften bestimmen, die sich an der Beziehung von Reiz und Reaktion, Ursache und Wirkung ablesen lassen? Läßt sich die Transformationsregel herausbekommen? Im Falle der nichttrivialen Maschinen ist das analytische Problem, wie schon gesagt, prinzipiell unlösbar. Ihre Transformationsregeln hängen von Geschichte und Vergangenheit ab; sie sind vollständig unberechenbar – und das macht sie so schrecklich unbeliebt: Sie zerstören unseren Traum von einer berechenbaren Welt.

B. P. Können Sie Beispiele geben? Wer oder was ist eine nichttriviale Maschine?

H. F. Ich würde sagen: Wir haben es permanent und überall mit nichttrivialen Maschinen zu tun. Manchmal gelingt es uns für einige Zeit, etwas zu trivialisieren – bis uns wieder das ganze Zeug um die Ohren fliegt. Immer spielt die Vergangenheit eine Rolle, beeinflußt die Regeln der Transformation. Und auch das teuerste Automobil geht irgendwann kaputt – und zeigt somit ein geschichtsabhängiges Verhalten. Die ganze Welt ist, so behaupte ich, eine nichttriviale Maschine.

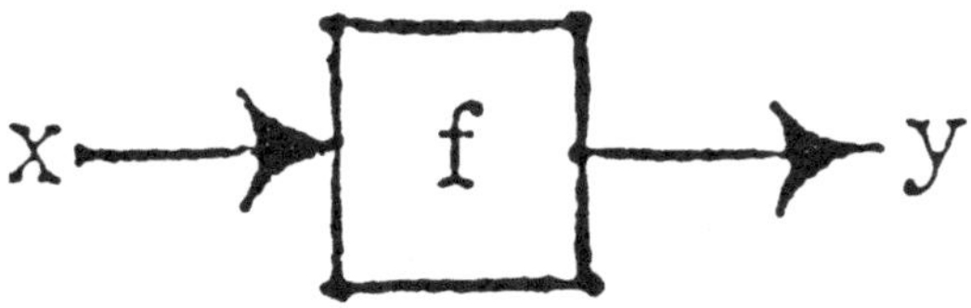

x	*y*
A	1
B	2
C	3
D	4

Abb. 2: Die triviale Maschine: Sie ist synthetisch determiniert, vergangenheitsunabhängig, analytisch bestimmbar und voraussagbar.

x	*f*	*y*
Input	Operation	Output
unabhängige Variable	Funktion	abhängige Variable
Ursache	Naturgesetz	Wirkung
Untersatz	Obersatz	Schluss
Reiz	Organismus	Reaktion
Motiv	Charakter	Tat
Ziel	System	Verhalten
...	...	...
.	.	.

Abb. 3: Die Kausalitätsidee besitzt eine triadische Struktur.

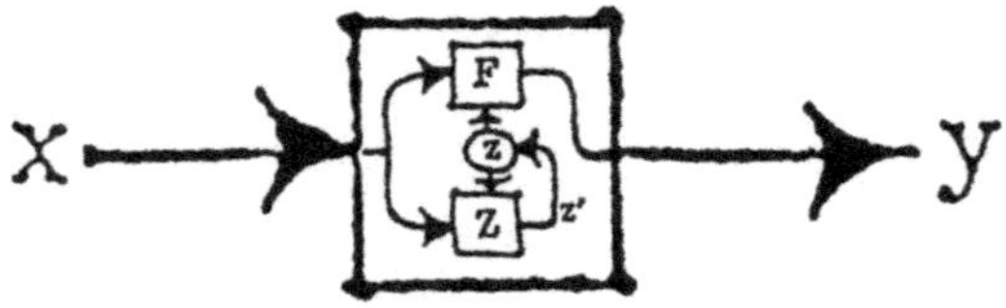

Im Zustand I

x	y	z'
A	1	I
B	2	II
C	3	I
D	4	II

Im Zustand II

x	y	z'
A	4	I
B	3	I
C	2	II
D	1	II

Abb. 4: Die nichttriviale Maschine mit einem inneren Zustand *z*: Sie ist synthetisch determiniert, vergangenheitsabhängig, analytisch unbestimmbar und nicht voraussagbar

B. P. Mir ist nicht ganz wohl, wenn Sie die Welt und ihre Bewohner als „nichttriviale Maschinen" bezeichnen. Dieses Unbehagen erscheint Ihnen womöglich als das typische Ressentiment eines Menschen, der geisteswissenschaftlich sozialisiert wurde: Aber ist nicht schon die Anwendung der Maschinen-Metapher auf Lebendiges ein erster Schritt zu seiner Trivialisierung?

H. F. Nein, das glaube ich nicht. Die Beschreibung, die ich hier vorschlage, zeigt ja gerade, daß man den Menschen, die lebenden Organismen, die Welt und die Dinge nicht trivialisieren kann. Den Maschinenbegriff verwende ich rein formal, um über Eingang und Ausgang, Input und Output, Reiz und Reaktion oder, mathematisch und ganz neutral formuliert, abhängige und unabhängige Variable zu sprechen. Indirekt nehmen wir alle immer wieder auf einen derartigen abstrakten Formalismus Bezug, wenn wir über Naturgesetze, Ursache und Wirkung oder, wie dies unter Psychologen so beliebt ist, von einem *Charakter* reden. Ein Charakter erscheint vielfach als eine solche vermeintlich feststehende Transformationsregel, er spielt in der Psychologie die Rolle des Naturgesetzes: Der Mensch wird gereizt – und sein sogenannter Charakter determiniert seine Reaktion, er muß auf eine bestimmte Weise handeln. Man sieht ihn als eine triviale Maschine.

B. P. Mein Einwand ist aber, daß schon die Rede von einer Maschine immer die Suggestion von Berechenbarkeit und Durchschaubarkeit erzeugt. Die Maschinen-Metapher hat diese Konnotation, sie legt nahe, alle Aspekte des menschlichen Lebens seien enträtselbar.

H. F. Ich gebe zu, daß der Ausdruck Maschine immer schon an eine triviale Maschine denken läßt. Ganz froh bin ich mit diesen Formulierungen auch nicht. Mir bleibt daher nichts anderes übrig, als Sie einzuladen, Ihre Vorurteile gegenüber dem Begriff der Maschine für einen Moment abzulegen. Der Vorteil des Maschinenkonzepts ist, wenn Sie mir folgen, daß man endlich und ein für allemal die Idee loswerden kann, daß sich lebende Systeme trivialisieren lassen. Der Begriff der Maschine stellt einen abstrakten Rahmen dar, um über Input- und Output-Beziehungen und die Regeln der Transformation zu sprechen. Es ist ein Formalismus, den ich hier vorschlage, der dazu dient, auf disziplinierte Weise zu argumentieren und präzise den Beweis zu führen, daß sich Mensch und Universum nicht trivialisieren lassen und das analytische Problem unlösbar ist. Aber im Grunde genommen geht es natürlich um den Gegensatz von Trivialität und Nichttrivialität.

Die Interaktion nichttrivialer Maschinen

B. P. Wenn ich diese Annahme, der Mensch sei eine nichttriviale Maschine, weiterdenke, wird die Überraschung zum Kontinuum und die grundsätzliche Unvorhersehbarkeit zur Normalität. Der Mensch erscheint aus dieser Perspektive als ein Möglichkeitswesen, dessen Reaktionen und Verhaltensweisen prinzipiell unvorhersehbar sind. Es könnte immer auch anders sein, es könnte immer etwas gänzlich Unvorhersehbares geschehen. Aber das geschieht nicht, das passiert nicht. Die Annahme der prinzipiellen Unvorhersehbarkeit menschlichen Verhaltens widerspricht einer ganz alltäglichen Beobachtung und Erfahrung: Wir verstehen uns nicht ständig falsch, wir begegnen uns zu verabredeten Zeitpunkten, wir können Absprachen für die Zukunft treffen. Es existieren eine Vielzahl von konventionalisierten Verhaltensweisen, die absolut berechenbar sind und Menschen auf vorhersehbare Weise zueinander in Beziehung treten lassen. Daher stellt sich die Frage, wie denn nichttriviale Maschinen – Menschen – auf eine eben doch vorhersehbare Weise zu interagieren vermögen?

H. F. Das ist ein entscheidender Schritt in unseren Überlegungen, der es jedoch nötig macht, Ihnen einen weiteren Begriff zu präsentieren, den man als *organisatorische Schließung* bezeichnet. Mit Schließung meine ich: abgeschlossen, autonom, auf sich selbst bezogen, Anfang und Ende fallen zusammen. Wenn eine nichttriviale Maschine, das, was sie hervorgebracht bzw. als einen Output erzeugt hat, wieder als einen Input benützt, dann entsteht eine zirkuläre Figur. Und wenn diese Zirkularität hergestellt ist und die Maschine einige Zeit läuft, passiert etwas ausgesprochen Interessantes. Es bilden sich stabile Werte heraus.

B. P. Können Sie diese systeminterne Erzeugung von Stabilität an einem Beispiel illustrieren?

H. F. Ja; man nehme etwa einen Taschenrechner und gebe eine beliebige Zahl ein. Aus dieser Zahl zieht man die Wurzel und drückt, wenn das Ergebnis vorliegt, erneut die Wurzeltaste. Auf diese Weise kommt ein zirkulärer Prozeß zustande: Der Output wird zum Input; das Resultat einer Operation wird als Ausgangspunkt derselben Operation verwendet, deren Resultat wiederum als Ausgangspunkt dieser Operation fungiert. Nach einer gewissen Zeit und der steten Anwendung der Operation des Wurzelziehens schält sich ein sogenannter Eigenwert heraus; in unserem Fall ist dies die Zahl eins. Und die Wurzel aus eins ist eins. Man kann feststellen, daß eine Stabilität entstanden ist, deren Zustandekommen sich jedoch nicht erklären, aber sehr wohl prognostizieren läßt. Es hat sich ein stabiler Wert herausgebildet, den man in der Mathematik als einen Eigenwert bezeichnet.

B. P. Was bedeuten diese mathematischen Ausführungen für meine These, daß es einen Widerspruch gibt zwischen dem vorhersehbaren Verhalten nichttrivialer Maschinen und Ihrer Annahme, diese würden sich prinzipiell nicht vorhersehbar gebärden? Inwiefern ist der Hinweis auf die Entstehung von Eigenwerten eine Erklärung?

H. F. Man spricht miteinander, man verabredet sich, man macht gemeinsame Pläne. In dieser Interaktion konstituieren die verschiedenen beteiligten Menschen – oder eben: die nichttrivialen Maschinen – zusammen ein organisatorisch geschlossenes System; es bildet sich durch die Wechselwirkung aller Beteiligten heraus; man reagiert aufeinander, nimmt auf die Handlungen eines anderen Bezug, stimuliert und respondiert. Und auf diese Weise läßt sich begründen, wie stabiles Verhalten vor dem Hintergrund der grundsätzlichen Nichttrivialität der Beteiligten, die gemeinsam ebenfalls ein nichttriviales Netzwerk oder System bilden, entsteht. Wir können Voraussagen treffen, aber ihr Zustandekommen läßt sich nicht erklären. Man kann jetzt das Blickfeld erweitern und von der Interaktion einiger weniger Beteiligter ablösen und auf ganze Gesellschaften oder Kulturen ausdehnen. Die gesamte soziale Struktur kann als ein geschlossener Operator verstanden werden, der aus den unendlichen Möglichkeiten des Verhaltens gewisse stabile Werte und vorhersehbare Formen der Interaktion entstehen läßt, sie schälen sich – aus der unendlichen Vielfalt des Möglichen – heraus und sind von einem analytischen Standpunkt aus unerklärbar, aus der Perspektive des Erfahrbaren jedoch prognostizierbar. Es entstehen Eigenwerte bzw. Eigenverhalten, stabile Formen der Interaktion. Sprache, Sitten und Gebräuche eines Kulturkreises kann man demnach als Eigensprache, Eigensitten und Eigengebräuche dieses Kulturkreises interpretieren, eines Kulturkreises, in den wir selbst einbezogen sind.

B. P. In welchem Sinne läßt sich beispielsweise die Sprache als ein Eigenwert des Sozialen, als eine Eigensprache charakterisieren?

H. F. Wenn ein Mensch unseres Kulturkreises das Wörtchen *und* gebraucht, dann wissen wir schon, was er meint. Wir haben keine Ahnung, wieso wir wissen, was er meint. Wir operieren mit der Sprache so, als könnten wir erklären, wie aus den merkwürdigen Zisch- und Grunzlauten eines Menschen eine bestimmte Bedeutung entnommen werden kann. Aber wie das genau geschieht, können wir nicht erklären, wir wissen nur, was es heißt, wenn dieser Mensch *und* sagt und ich dieses Wörtchen auf dieselbe Weise verwende. Sprache läßt sich als ein Verhalten von wechselseitig operierenden nichttrivialen Systemen begreifen. Es entwickeln sich gewisse Stabilitäten, das Verhalten konvergiert in Richtung eines bestimmten Wertes. Es stabilisiert sich auf französisch, italienisch, englisch oder deutsch. Allerdings lassen sich auch Störungen beobachten: Andere Menschen, die noch nicht zu dem geschlossenen System gehören, kommen hinzu; sie sprechen anders und verwenden beispielsweise einen anderen Dialekt. Das Ergebnis ist möglicherweise eine Verschiebung und Veränderung des schon vorhandenen geschlossenen Systems, das um neue Worte und andere Dialekte bereichert wird. Es integriert rekursiv die von außen kommende Störung.

B. P. Vielleicht ist es sinnvoll, wenn wir diese Überlegungen konkretisieren, indem wir sie – ich hoffe, das ist kein allzu großer Sprung – wieder mit dem Begriff des Wunders verbinden, vom dem wir ausgegangen sind und der uns zu dem Gespräch über triviale und nichttriviale Maschinen geführt hat. Die Begegnung von Menschen und die Verständigung erscheinen aus Ihrer Sicht als ein Wunder, das permanent vorkommt, aber prinzipiell unerklärbar ist. Man könnte sagen, daß diese Einsichten eine ganz neue Demut gegenüber der strukturellen Undurchschaubarkeit der Welt begründbar machen.

H. F. Mich berührt Ihre Assoziation mit dem Begriff des Wunders sehr; ich bin ganz und gar einverstanden. Denn natürlich gibt es eine Verbindung zwischen dem Begriff des Wunders und der fundamentalen Unerklärbarkeit funktionierender Interaktionen: Das Wunder ist das Unerklärbare; und die Erklärung besteht vielfach in dem Versuch, das Wunder zu beseitigen, es zu zerstören. Es wäre schön, wenn man sich mit dem prinzipiellen Unwissen anfreunden könnte; ja, mehr noch, mein Vorschlag ist es, Wunder entstehen zu lassen, indem man manche Phänomene gar nicht zu erklären versucht, weil man in einem tiefen Sinn überhaupt nicht in der Lage ist, dies zu tun. Unser Wissen, das wir von der Welt besitzen, erscheint mir als die Spitze eines Eisbergs. Es ist wie das winzige Stückchen Eis, das aus dem Wasser ragt, aber unser Unwissen reicht hinunter bis in die tiefsten Tiefen des Ozeans.

B. P. Allerdings sind wir eher daran gewöhnt, daß einem das Wunder des Lebendigen und die Demut gegenüber dem Unwissen in poetischer Form nahegebracht werden. Sie wählen dagegen eine fast konträr zu nennende Darstellungsform: die an einem mathematischen Genauigkeitsideal geschulte Sprache.

H. F. Eine möglichst strikte Logik und äußerst präzise Formalismen sollen, das wäre mein Wunsch, dem Staunen wieder eine Grundlage geben. Der Formalismus und die vielleicht etwas schwierig und abstrakt erscheinenden Überlegungen dienen dazu, auch jene Menschen zu erreichen, die behaupten, sie hätten alles verstanden. Es ist die vermeintlich allumfassende Gültigkeit der Erklärungen, die ich auf eine begründbare Weise in Zweifel ziehen und irritieren möchte. Wenn ich das Gefühl für das Wunder, dem wir ununterbrochen begegnen, wieder sichtbar machen könnte, dann wäre ich sehr glücklich.

B. P. Zum Schluß: Was ist ein Wunder?

H. F. Wenn ich mich richtig erinnere, wurde Sokrates einmal dieselbe Frage gestellt. Auf dem Tisch stand eine brennende Kerze. Sokrates zeigte auf die Kerze und sagte: Das ist ein Wunder, sehen Sie, diese brennende Kerze. Ich bin sehr geneigt, Sokrates zuzustimmen. – Alles ist ein Wunder.

II. Perspektiven der Praxis

1. Pädagogik

Der Schüler als nichttriviale Maschine

B. P. Das ist ein guter Moment, um einige der konkreten Anwendungen, die den praktischen Bezug Ihres Denkens offenbaren, zu diskutieren. Vielleicht beginnen wir mit Fragen, die sich im weitesten Sinn auf das Gebiet der Pädagogik beziehen. Sie haben einmal einen Satz formuliert, der zeigt, daß sich Ihre Begriffe durchaus zur Gesellschaftskritik verwenden lassen. Dieser Satz lautet: „Der Großteil unserer institutionalisierten Erziehungsbemühungen hat zum Ziel, unsere Kinder zu trivialisieren."

H. F. Das Schreckliche mit den Kindern ist, so glauben viele, daß sie sich auf eine nicht voraussagbare Weise gebärden. Sie agieren noch nicht wie triviale Maschinen, die auf einen bestimmten Input immer ein und denselben Output erzeugen. Da unser Erziehungssystem daraufhin angelegt ist, berechenbare Staatsbürger zu erzeugen, besteht sein Zweck darin, jene ärgerlichen inneren Zustände auszuschalten, die Unberechenbarkeit und Kreativität ermöglichen. Vielfach darf in der Schule eine Frage nur eine Antwort haben; es ist eben nicht gestattet, wie ich schon erwähnt habe, zu sagen, daß zwei mal zwei „grün" ist. Eigentlich ist das aber doch ein wunderbarer Gedanke, der einen dazu anregen könnte, zu fragen: Warum sagt das Kind „grün"? Welche Vorstellungen hat es? Und ich vermute, daß mir dieses Kind etwas unwahrscheinlich Schönes oder Lustiges erzählen würde.

B. P. Sie wollen sich von der Idee der einzig richtigen Antwort verabschieden und eine Vielzahl von Lösungen als möglich erscheinen lassen.

H. F. Natürlich. Ich kann mich noch heute mit Vergnügen daran erinnern, daß wir im Gymnasium einen Geschichtslehrer hatten, der auf die Frage „Was waren die Griechen für ein Volk?" nur eine einzige Antwort akzeptierte, die da hieß: „Ein heiteres Volk!" Wenn man das nicht wußte, sondern sagte, die Griechen seien ein philosophisches, ein lyrisches oder ein sportlich interessiertes Volk gewesen, dann war man durchgefallen. Erlaubt war allein, auf den Input der Lehrerfrage mit dem monotonen und immergleichen Output zu reagieren: „Herr Lehrer, die Griechen waren ein heiteres Volk!"

B. P. Diese Versuche der Trivialisierung sind vergleichsweise harmlos: Sie entlarven sich selbst.

H. F. Ich kann Ihnen zahllose weitere Beispiele nennen, die alles andere als harmlos sind, sondern einfach schrecklich und erschütternd. Darf ich eine kleine Geschichte erzählen? Ich war einmal bei einer befreundeten Familie zum Mittagessen eingeladen – und der kleine Bub, der von der Schule hätte kommen sollen, kommt und kommt nicht nach Hause. Schließlich erscheint er doch, er weint und sagt: „Ich mußte nachsitzen! Die Lehrerin hat mich in der Ecke stehen lassen!" Wir wollten natürlich von ihm wissen, was denn passiert sei. Er erzählte, daß die Lehrerin ihm gesagt habe, er sei frech gewesen, er habe freche Antworten gegeben. Der kleine Bub: „Sie hat mich gefragt, wieviel ist 2 x 3? Und ich habe ihr gesagt: Das ist 3 x 2! Alles hat gelacht – und die Lehrerin hat mich in der Ecke stehen lassen." Ich habe diesen kleinen Bub gefragt: „Deine Antwort ist völlig richtig, aber kannst du sie beweisen?" Da nimmt er Papier und Bleistift, zeichnet zwei Punkte und – darüber – drei Punkte. Er sagt: „Das ist 3 x 2!" Und dann dreht er das Papier um 90 Grad und meint: „Siehst du, Heinz, das ist 2 x 3!" Dieser kleine Bub, der sieben Jahre alt war, hat auf die ihm eigene Weise das kommutative Gesetz der Multiplikation bewiesen: A x B ist B x A. Daß die Lehrerin diese Einsicht nicht als großartig erkannte, ist sehr traurig. Sie hat von ihm erwartet, daß er auf ihre Frage, was ist 2 x 3 „sechs" sagt. Da er dies nicht tat, erschien seine Antwort als falsch, frech und aufsässig. Das nenne ich die Trivialisierung junger Menschen.

B. P. Jeder Lehrer muß, so lautet die Schlußfolgerung, mit der prinzipiellen Nichttrivialität seiner Schüler rechnen.

H. F. Selbstverständlich. Und wenn die Trivialisierung schon erfolgt ist, dann heißt die Aufgabe für die Pädagogik: Enttrivialisierung, auf andere Antworten aufmerksam machen, zu einer Vielfalt der Lösungen und Sichtweisen anregen. Man könnte diesem kleinen Bub zum Beispiel zeigen, daß sich eine Zahl auf äußerst vielfältige Weise beschreiben läßt. Wenn die Lehrerin die gewünschte Antwort „sechs" erhalten hat, könnte sie weiterfragen: „Was ist sechs?" Mögliche Antworten sind: Sechs ist die Wurzel aus 36, sechs ist 5 + 1 und 8 - 2, 6 ist 2 x 3 und 3 x 2.

B. P. Die Vielfalt der Sichtweisen ließe sich – und ich greife hier einen Vorschlag auf, den der Pädadoge und Medienkritiker Neil Postman einmal gemacht hat – auch dadurch stärken, indem man strikt beginnt, selbst die *hard sciences* als geschichtliche Disziplinen zu unterrichten, um eben diese Differenzerfahrungen zu machen, um zu zeigen, daß dieselbe oder eine ähnliche Frage im Laufe der Geschichte auf ganz verschiedene Weise behandelt wurde. Das heißt konkret: Wenn man in der Schule über Atome spricht, auch Demokrit zu erwähnen, Elektrizität mit dem Namen Faraday in Verbindung zu bringen, optische Phänomene mit den geschichtlichen Vorstellungen vom Sehen und Blicken zu verknüpfen, die bis in die Antike zurückreichen. Und so weiter. Neil Postman empfiehlt strikt, jedes Fach als Geschichte zu unterrichten. Allerdings wird es dann schwierig, wenn eine Vielfalt der Antworten prinzipiell gestattet ist, Prüfungen durchzuführen. Wie will man feststellen, was der Schüler weiß?

„Tests test tests"

H. F. Die übliche Methode besteht natürlich darin, Klausuren schreiben zu lassen, Hausaufgaben zu verteilen, die dann eingesammelt und bewertet werden. Aber das geht so nicht, das funktioniert nicht. Meine Auffassung ist, daß man niemals wissen kann, was der Schüler weiß. Da dieser Schüler ein nichttriviales System ist, muß er als analytisch unzugänglich gelten. Ich behaupte, daß all diese Prüfungen und Tests nicht den Schüler prüfen, sondern daß diese Prüfung sich selbst prüft. Mein diesbezügliches Theorem lautet: *„Tests test tests."*

B. P. Mir leuchtet diese Formel noch nicht ein, sondern eher die übliche Annahme: *Tests testen die Getesteten.*

H. F. Ich werde Ihnen, um meine Überlegungen verständlich zu machen, ein Beispiel geben, das von einem der genialsten Mathematiker des 20. Jahrhunderts erfunden wurde. Die Rede ist von dem Engländer Alan Turing, der sich mit der Frage konfrontiert sah: Können Maschinen denken? Gibt es künstliche Intelligenz? Um eine Antwort zu finden, schuf er den sogenannten Turing-Test, der einige Berühmtheit erlangte. Er ist für mich das Urparadigma eines Tests und wird noch heute von den Vertretern der Künstlichen Intelligenz tief verehrt. Worin besteht er? Man stelle sich vor: Da ist ein kleines Theater mit einem roten Samtvorhang. Und hinter dem Vorhang ist etwas, befindet sich eine nicht näher bekannte Entität. Vor dem Vorhang sitzen mehrere Gelehrte mit Zwickern, Brillen und langen Bärten. Diese Gelehrten dürfen jetzt diesem Etwas, dieser Entität Fragen stellen. Nach einiger Zeit werden sie sagen, daß sich hinter dem Vorhang eine Maschine oder ein Mensch befindet oder daß diese Frage unentscheidbar ist.

B. P. Wenn sie aufgrund der gegebenen Antworten glauben, daß sich hinter dem Vorhang ein Mensch befindet, es sich aber um eine Maschine handelt, dann muß der Maschine Intelligenz zugesprochen werden.

H. F. Genau, das ist die Idee. Meine Auffassung ist jedoch – und damit komme ich auf mein Theorem zurück – daß nicht die eventuelle Intelligenz der Maschine geprüft wird, sondern daß sich die Gelehrten selbst prüfen. Sie testen sich selbst, ob sie in der Lage sind, einen Menschen von einer Maschine zu unterscheiden. Und wenn ihnen dies nicht gelingt, dann sind sie eben durchgefallen. Meine Behauptung, die ich hier vertrete, lautet, daß im Grunde genommen die Prüfer geprüft werden – und nicht diese Entität, die hinter dem Vorhang sitzt und brav auf die Fragen Antworten gibt. Also nochmal: *„Tests test tests."*

B. P. Was ist demgemäß ein gutes Zeugnis, das ein Schüler nach Hause bringt?

H. F. Dieses gute Zeugnis ist ein Beleg für eine geglückte Trivialisierung. Wenn man wirklich immer – klick, klick, klick – die gewünschten Antworten gibt, dann kriegt man gute oder hervorragende Noten, das ist alles. Einer meiner Studenten, ein Computerwissenschaftler, hat einmal ein sehr lustiges Programm erfunden, das man zur Abfassung von Diplom- und Doktorarbeiten verwenden kann. Dieses Programm konstruiert aus den Lieblings- und Schlüsselwörtern des jeweiligen Professors, die man sich in den Vorlesungen notieren muß, zahllose wohlgeformte Sätze. Natürlich muß man, wenn man dieses Schreibprogramm verwendet, hervorragende Noten bekommen. Das ist der ganze Trick.

B. P. Sie haben wiederholt auf europäischen und amerikanischen Kongressen zur Pädagogik und Schulreform Vorträge gehalten. Warum, glauben Sie, hat man da einen Kybernetiker und Physiker gebeten zu sprechen, der vor allem in der Forschung und nicht in der Lehre gearbeitet hat?

H. F. Die ersten Pädagogen, die mich eingeladen haben, kannten mich als Kognitions- und Perzeptionstheoretiker – und hatten die Idee, daß es sinnvoll sein könnte, sich nicht mehr primär mit der Lehre, sondern dem Lernen selbst zu befassen. Denn zentral für die Verbesserung und Neukonzeption pädagogischer Vorstellungen ist – so war die Annahme, derjenigen, die mich einluden – die Frage, was Lernen überhaupt ist. Oder anders gesagt: Wir müssen Lernen lernen, um anderen etwas beibringen zu können, von dem wir meinen, daß es für sie wichtig sein könnte.

B. P. Aber eigentlich stehen Ihre Arbeiten doch in einem prinzipiellen Widerspruch zu der pädagogischen Urintention, die von der *Vermittlung von Wissen* handelt. Sie betonen dagegen stets unser *fundamentales Unwissen.*

H. F. Die übliche Vorstellung von einem Lehrer ist, daß er alles weiß – und die Kinder, die Schüler, nichts wissen. Lernen wäre demnach als die schrittweise Beseitigung von Unwissen zu begreifen. Man überführt einen schlechten Zustand in einen besseren, transformiert Unwissende in Wissende, arbeitet wie ein Alchimist, der Eisen zu Gold werden läßt: Die Schüler erscheinen, wenn man von dieser sehr alten lerntheoretischen Metapher einer schrittweisen alchimistischen Transformation ausgeht, als billiges Material, das über verschiedene Stufen in ein besseres, edleres und wertvolleres verwandelt werden muß.

B. P. Und das Ferment, das Zaubermittel, das diese Schülertransformation einleitet, ist das Wissen.

H. F. Korrekt, das ist der allgemeine Glaube. Aber schon mit der Idee von Wissensvermittlung will ich nichts zu tun haben. Wissen läßt sich nicht vermitteln, es läßt sich nicht als eine Art Gegenstand, eine Sache oder ein Ding begreifen, das man – wie Zucker, Zigaretten, Kaffee – von A nach B transferieren kann, um in einem Organismus eine bestimmte Wirkung zu erzeugen. Meine Vorstellung ist dagegen, daß das Wissen von einem Menschen selbst generiert wird und es im wesentlichen darauf ankommt, die Umstände herzustellen, in denen diese Prozesse der Generierung und Kreation möglich werden. Das Bild des Lernenden wird auf diese Weise ein anderes. Er ist nicht mehr passiv, er ist keine leere Kiste, kein Container, in den eine staatlich legitimierte Autorität (ein Lehrer oder ein großer, weiser Professor) Fakten und Daten und seine enorme Weisheit hineinfüllt. Wenn man nun für einen Moment die Frage stellt, wie das Lernen funktioniert, dann werden die Ideen, die Humberto Maturana, Gordon Pask, ich und ein paar andere vertreten, für die Formulierung neuer pädagogischer Konzepte interessant. Der Lernende erscheint aus einer solchen kognitions- und perzeptionstheoretischen Perspektive als aktiver Konstrukteur; er ist es, der sich das Wissen erarbeitet.

B. P. Mit der Formel *von der Lehre zum Lernenden* wird also der Abschied von einer autoritär-hierarchischen und statischen Erziehungskultur eingeleitet. Man versteht das Wissen nicht mehr als etwas Dingliches, das durch ein Medium – die Sprache – von einem Lehrer zu einem passiv aufnehmenden, informationsschluckenden Schüler transportiert wird.

H. F. Völlig richtig. Die verschiedenen Pädagogen und Lehrer, die mich immer wieder um einen Vortrag gebeten haben, stellten sich die Frage: Was ist denn auf der Schülerseite los? Was geht hier vor? Wie nehmen diese jungen Menschen wahr? Wie erleben sie eine Schulstunde? Für mich ist es eine sehr erfreuliche Wendung, daß man heute zunehmend dazu kommt, den Schüler als den Lernenden, den Perzipierenden und als den *Kognitor* ernstzunehmen. Die Lehrmetaphern wie etwa das Bild von einem Nürnberger Trichter, das im 17. Jahrhundert aufkam und den Vorgang des Lernens als eine passive Informationsaufnahme beschreibt, werden durch andere Konzepte und Vorstellungen ersetzt. Man geht nicht mehr primär von den Wünschen des Lehrers aus, sondern von den Möglichkeiten des Schülers, die es zu nutzen und zu stärken gilt.

B. P. Und was wird aus dem Lehrer?

H. F. Mein Vorschlag ist, daß der Lehrer von der Idee Abstand nehmen sollte, er wisse alles, und die Schüler wüßten nichts, das seien Menschen, deren Köpfe mit seinen Ideen gefüllt werden müßten. Es wäre gut, wenn er seine überlegene Position aufgeben und die Klasse in dem Bewußtsein betreten könnte, daß auch er nichts weiß. Der Lehrer sollte die Haltung der sokratischen Ignoranz einnehmen, die auf der Aussage basiert: Ich weiß, daß ich nichts weiß! Das ist schon ein Fortschritt gegenüber der Position eines Menschen, der, wie ich sagen würde, die Haltung der fundamentalen Ignoranz vertritt: Man weiß noch nicht, daß man nichts weiß. Aber was tut der sokratische Nichtwisser? Was macht man, wenn man weiß, daß man nichts weiß? Die Antwort heißt: Man beginnt zu forschen.

Vom Lehrer zum Forscher

B. P. Der Lehrer wird zum Forscher?

H. F. Das ist genau mein Vorschlag: Laßt den Lehrer, der wissen soll, zum Forscher werden, der wissen möchte! Und wenn man diese Idee weiterdenkt, dann werden die sogenannten Schüler und Lehrer zu kooperierenden Mitarbeitern, die gemeinsam – ausgehend von einer sie faszinierenden Frage – Wissen erarbeiten. Es entsteht, so meine ich, eine Atmosphäre der Kooperation, des gemeinsamen Suchens, des Forschens. Man weckt die Neugierde und die Empathie, regt zu eigenen Gedanken an, serviert nicht irgendwelche fertigen Resultate, sondern Fragen, die zum Ausgangspunkt einer Zusammenarbeit und des wechselseitigen Entzückens werden. Jeder stützt sich auf die Kompetenzen des anderen; das Zittern vor der Allwissenheit einer einzigen Person hat ein Ende. Und die Fragen, mit denen man es zu tun bekommt, werden zu eigenen Fragen. Mein Freund Gordon Pask hat diese Lehrer-Schüler-Beziehung allerdings auf eine noch radikalere Weise neu bestimmt. Sein Vorschlag lautet, die Rollen zu vertauschen: Der Lehrer muß zum Schüler werden, der Schüler zum Lehrer. Jetzt kann man sich fragen: Was lehrt der Schüler? Die Antwort: Er weist den Lehrer auf seine eigenen Idiosynkrasien hin, er macht ihm seine Voreingenommenheit deutlich und zeigt ihm und bringt ihm bei, wie und auf welche Weise er sich angewöhnt hat, die Welt, seine Umgebung, sein Gegenüber zu sehen. Der Lehrer, so Gordon Pask, muß lernen, was den Schüler daran hindert, ihn zu verstehen und seine Ideen, die mit Physik, Geographie oder Mathematik zu tun haben mögen, zu begreifen.

B. P. Wie hat man sich das praktisch vorzustellen? Wenn nun ein Lehrer in die Klasse kommt und auf einmal beginnt, von seiner bedauernswerten Kenntnislosigkeit zu sprechen, um den Forschergeist zu stimulieren, so könnte doch auf der Seite der Schüler der Eindruck entstehen: Irgend etwas stimmt da nicht, das ist nur eine Inszenierung, der Trick eines Laienschauspielers.

H. F. Die Unwissenheit des Lehrers muß nicht gespielt sein, sie ist vorhanden. Der Lehrer hat doch keine Ahnung, was die Schüler wissen, was sie können, wofür sie sich interessieren und wo ihre besonderen Möglichkeiten und Talente, die es zu fördern gilt, liegen. Er weiß ja selbst nicht, wie er lernt. Und aus dieser Sicht ist es durchaus ehrlich, wenn er vor die Klasse tritt – und einen Dialog mit den Worten beginnt: „Liebe Anwesende, liebe Mädchen und Buben, wir sitzen alle hier, um gemeinsam die Mathematik zu erfinden. Ist es möglich, ein Zahlensystem zu kreieren, das nach bestimmten Regeln funktioniert? Sind Zahlen endliche oder unendliche Größen? Können wir bestimmte Theoreme, wie den pythagoreischen Lehrsatz, mit unseren eigenen Mitteln beweisen? Wer hat eine Idee?"

B. P. Allerdings erscheint manchen Lehrern diese Neudefinition ihrer Rolle nicht besonders attraktiv: Es hat zum Beispiel in Deutschland eine große Untersuchung zur Interpretation von literarischen Texten gegeben. Mit Hunderten von Interviews konnte man zeigen, daß das Dogma von der einen, der einzigen und wahren Bedeutung eines Textes aus einer empirischen Perspektive einfach unhaltbar ist. Eine solche Studie müßte eigentlich zu einer Veränderung des

Literaturunterrichts an den Schulen führen, in dem ja vielfach – Stunde für Stunde – auf die einzig korrekte Gedichtinterpretation hingearbeitet wird, deren Inhalte längst feststehen. Aber die Erfahrungen mit dem Versuch, die Ergebnisse dieser Untersuchung in eine neue Praxis zu überführen, haben gezeigt, daß Schulen und Lehrer überhaupt nicht an einer solchen Umgestaltung ihres Unterrichts interessiert waren. Sie fürchteten wohl, so ist zu vermuten, daß sie an Deutungsautorität und Macht verlieren, wenn sie die Interpretationshoheit zur Disposition stellen. Das heißt: Wie kann man den Lehrern die Ängste vor dem Machtverlust und der Unsicherheit nehmen, die mit Ihren Vorschlägen einhergehen?

H. F. Da gibt es nur eines: Man muß ihnen zeigen, daß unbeantwortbare Fragen und Fragen, die nicht nur die eine Lösung kennen, aus ihrer Sicht eigentlich zu begrüßen sind. Nehmen wir nur einmal an, daß in einer höheren Klasse über die Ermordung Cäsars gesprochen wird und ein Schüler wissen möchte, welche politischen Konfigurationen im alten Rom zu diesem Mord geführt haben. Und nehmen wir an, daß der Lehrer die Antwort nicht kennt. Jetzt gibt es zwei Möglichkeiten: Entweder wird er unsicher oder ärgerlich reagieren oder aber diese Situation als eine Einladung zum gemeinsamen Arbeiten interpretieren. Vielleicht haben ein, zwei Leute aus dieser Klasse Lust, in die Bibliothek zu gehen und in ein paar Tagen ein kleines Referat über dieses Thema zu halten. – Dies ist eine wunderbare Gelegenheit für den Lehrer, selbst etwas Neues und ihm noch Unbekanntes zu erfahren.

B. P. Aber zumeist besteht der Unterricht doch darin, daß Bekanntes abgefragt wird.

H. F. Ich würde es noch drastischer sagen: Die meiste Zeit wird im Unterricht darauf verwendet, illegitime Fragen zu stellen und Antworten einzufordern. Eine Frage ist dann, so möchte ich definieren, illegitim, wenn ihre Antwort bereits bekannt ist. Wenn ein Lehrer diesen Typ von Frage stellt, dann ist das doch eine Schweinerei und Gemeinheit, denn er kennt die Antworten ja schon. Legitime Fragen sind dagegen echte Fragen: Für sie existiert noch keine fertige Antwort. Wäre es nicht schön, wenn sich eine Institution wie die Schule, vorrangig mit legitimen Fragen befassen würde?

B. P. Aber diese andere Art, den Unterricht zu gestalten, würde womöglich sehr viel Zeit kosten, die einfach nicht zur Verfügung steht. Manche Lehrer haben wahrscheinlich Angst, daß die Kinder – wenn man diese Ideen zugrundelegt – nicht genug von dem lernen, was sie eben auch lernen müssen.

H. F. Meine eigenen Experimente und Erfahrungen als jemand, der nur einen kleinen Teil seiner Zeit auch an der Universität gelehrt und sonst in der Forschung gearbeitet hat, zeigen etwas ganz anderes. Der Versuch, Lernen als gemeinsames Forschen zu interpretieren, hat ganz erstaunliche Resultate ergeben.

B. P. Möchten Sie von einem Beispiel berichten?

H. F. Ja; ich möchte eine Geschichte erzählen, die im Jahre 1968 auf dem Campus der Universität von Illinois beginnt. Ich leitete damals ein Forschungslaboratorium. Und in den letzten Tagen vor den Sommerferien machten die Studenten immer ein großes Fest und verwandelten das ganze Gelände in einen einzigen Vergnügungspark: Da standen Buden mit Jongleuren, jemand machte Musik, eine Gruppe führte Tänze vor, ein anderer übte sich als Entfeßlungskünstler. Mein Freund und Kollege Herbert Brün, Direktor des Computer-Music-Studios, und ich nutzten dieses Fest immer, um nach Talenten zu suchen, mit denen es Spaß machen und sich lohnen würde, zusammenzuarbeiten. Als Herbert Brün und ich im Sommer 1968 über den Campus schlenderten, da kam ein großer, sehr gut ausschauender Mann auf uns zu; er nahm mich beim Knopfloch und fragte: „Würden Sie einen Kurs in Heuristik geben?" Ich sagte zu ihm: „Was verstehen Sie unter Heuristik? Geht es Ihnen um eine Strategie zur Lösung mathematischer Probleme? Oder begreifen Sie Heuristik als eine Unterrichtsmethode, die den Schülern die Möglichkeit gibt, die Lösung eines Problems selbst zu finden?" Der junge Mann zögerte einen Moment, da er offenbar noch nie von dieser Unterscheidung gehört hatte, und sagte clever: „Beides!" Darauf fragte ich Herbert Brün: „Würdest du mit mir einen solchen Heuristik-Kurs leiten?" Brün stimmte zu, und so machten wir diesen Kurs, der im September des Jahres 1968 begann und im Mai 1974 mit der Veröffentlichung eines Buches endete, das den Titel *Cybernetics of Cybernetics* trägt und genau 521 Seiten umfaßt.

B. P. Wie sah der Kurs aus? Was läßt sich daraus lernen?

H. F. Wir schrieben im Vorlesungsverzeichnis, daß man kein besonderes Vorwissen benötigen würde; die Studenten kamen also aus allen Fachrichtungen. Als Herbert Brün nach etwa anderthalb Jahren die Universität verließ und ich einen größeren Forschungsauftrag für mein Laboratorium gewinnen konnte, wollte ich den Kurs eigentlich absagen, ließ mich aber von den begeisterten jungen Leuten zu einer Fortsetzung überreden. Zu der nächsten Veranstaltung kamen mehr als 200 Studenten, und ich beschloß, da ich einfach keine Zeit für die Vorbereitung des Unterrichts hatte, Heuristik zur Tätigkeit werden zu lassen. Wir vereinbarten, ein Buch zu schreiben, erstellten einen Interessen-Index, so daß sich Menschen mit ähnlichen Interessen treffen konnten. Manche Studenten haben die ganze Sache nicht ernst genommen; sie gaben als ihre zentralen Vorlieben und Hobbys „sex" und „sleep" an; aber wir nahmen das alles, so wie vereinbart, in den Interessen-Index auf. Als dieser schließlich gedruckt vorlag, waren einige Studenten entsetzt über ihre dummen Antworten und kamen zu mir, um sich zu entschuldigen. „It's your problem, not mine", sagte ich ihnen, und sie gingen verdutzt fort. Manche verstanden offenbar die erste Lektion dieses Kurses: *Man könnte ja einmal ernst genommen werden.* Aus unserer Zusammenarbeit entstand schließlich ein erstes Buch mit dem Titel *The Whole University Catalog*, das das Verhältnis der Studenten zu ihrer Universität behandelte.

B. P. Wenn ich dieses Beispiel im Sinne eines Modells interpretiere, dann fallen mir einige Schlüsselbegriffe ein: *Kooperation, Eigenverantwortung* und *Eigeninteresse.* Diese Begriffe bilden die theoretischen Eckpunkte des Beispiels, von dem Sie berichten.

H. F. Genau. Und ermutigt durch das positive Resultat entschloß ich mich, dem alten Wunsch der großen Anthropologin Margaret Mead zu entsprechen, die mich immer wieder aufforderte, das „definitive Buch" über die Kybernetik zu schreiben. Aber ich entschied mich zu einer kleinen Veränderung: Nicht nur ich, sondern auch die Studenten, die etwas über die Kybernetik wissen wollten, sollten an der Abfassung und der Produktion dieses Buches beteiligt sein. Wieder bildeten sich Interessengruppen, manche Studenten machten es sich etwa zur Aufgabe, Experten und Gelehrte anzuschreiben, um sie um die Definition der *Termini technici* zu bitten, lernten also, daß ein und derselbe Begriff von verschiedenen Gelehrten ganz unterschiedlich definiert werden kann. Die Aufregung und die Begeisterung, etwas Neues zu schaffen, erzeugte eine derart euphorische Stimmung, daß das Buch im Mai 1974 in Druck gegeben werden konnte und schließlich unter dem Titel *Cybernetics of Cybernetics* erschien. – Vor kurzem ist es in einer wunderschönen Ausgabe wieder publiziert worden.

2. Psychotherapie

Die Unterscheidung von Krankheit und Gesundheit

B. P. Können wir die Anwendung Ihrer Ideen am Beispiel psychotherapeutischer Fragen erproben? Auch die Psychotherapie hat es ja – wie die Pädagogik – im weitesten Sinn mit den Prozessen der Menschenveränderung zu tun. Nur geht es nicht darum, Unwissende in Wissende zu transformieren, sondern sogenannte Kranke in Gesunde und Normale. Wie läßt sich die strikte Unterscheidung von Krankheit und Gesundheit aus Ihrer Sicht kommentieren?

H. F. Ich möchte mit einem Beispiel beginnen, das ich einem guten Freund, dem Familientherapeuten Paul Watzlawick, verdanke. In den USA gibt es, so hat mir Paul Watzlawick erzählt, ein ausgesprochen wichtiges diagnostisches Handbuch: Es heißt DSM (Diagnostic and Statistical Manual) und erscheint immer wieder in neuen Auflagen. Bis vor wenigen Jahren wies dieses Buch auf eine Krankheit hin, die Homosexualität genannt wird. Als eine weitere revidierte Ausgabe erschien, da hat man sich nach vielen Kämpfen entschlossen, die Homosexualität nicht mehr als eine Krankheit zu klassifizieren. Und mit dieser Entscheidung wurden Millionen von Menschen auf einen Schlag geheilt. Denn plötzlich war die Homosexualität nicht mehr etwas, um dessen Kurierung sich die Psychiater des Landes sorgen mußten.

B. P. Es ist natürlich klar, daß Homosexualität nicht als eine Pathologie zu verstehen ist. Eine solche Ansicht ist diskriminierend und einfach dumm. Aber was bedeutet dieses Beispiel, das Sie angeführt haben, wenn wir es in etwas allgemeinerer Hinsicht deuten? Wollen Sie damit sagen, daß erst der diagnostische Begriff die vermeintliche Wirklichkeit der Krankheit kreiert?

H. F. Mehr oder weniger; worum es in diesem Beispiel geht, ist zu zeigen, wie stark unsere Ansichten dessen, was als eine Krankheit anzusehen ist, von unserer kulturellen Umgebung geprägt werden. Um andere Perspektiven, die tradierte Vorurteile in den Hintergrund treten lassen, muß dann erst mühsam gerungen werden. Und eine neue Sichtweise kann unsere Interpretation einer Krankheit komplett verändern. Um ein weiteres Beispiel zu geben: Als der Anthropologe Gregory Bateson begann, sich für die Schizophrenie zu interessieren, da besuchten ihn einmal zwei verzweifelte Psychiater, die von einem „kranken" Kind berichteten: Dieses Kind war der Schrecken der Schule, es benahm sich entsetzlich, bedrohte seine Mitschüler, schmiß mit Tintenfässern umher und terrorisierte seine Familie. Die beiden Psychiater baten Bateson um Hilfe. Und er kam auf die Idee, dieses Kind nicht mehr isoliert, sondern aus einer, wenn man so will, ökologischen Perspektive wahrzunehmen und all jene, die sich über sein Verhalten beschwerten, einzuladen. Er stellte sich die Frage: In welcher Hinsicht ist dieses Verhalten sinnvoll? Wo paßt es hinein? Es kamen die Eltern, die Geschwister, ein Lehrer. Nach der ersten Sitzung sagte Bateson zu den beiden Psychiatern: „Das Kind ist der einzige gesunde Mensch in dieser Gesellschaft! Kein Wunder, daß es verzweifelt versucht, sich aus einer solchen Umgebung und Umwelt zu befreien." Die schlichte Befragung des Einzelwesens hätte, dies zeigt das Beispiel, nicht zu diesen Einsichten geführt. Das Kind wäre vielmehr weiterhin pathologisiert worden.

B. P. In einem Buch des Schweizer Schriftstellers Adolf Muschg heißt es: „Krankheit ist die gesunde Reaktion an der Norm zu verzweifeln."

H. F. Dieses Zitat paßt ganz hervorragend, weil es aus der Perspektive des Kritikers nochmals hervorhebt, daß Krankheit und Gesundheit keine statischen Größen sind, sondern jeweils in ihrem spezifischen Bezugssystem beurteilt werden müssen. Mich stört schon die vermeintliche Eindeutigkeit der Begriffe Krankheit, Gesundheit und Therapie. Wenn jemand von Gesundheit spricht, wenn das Wort Therapie oder unter den Anhängern eines *New Age* der Begriff der Heilung auftaucht, wird sofort die Idee der Krankheit eingeführt und der andere implizit pathologisiert. Daher habe ich meinen Freunden, die als Familientherapeuten arbeiten, immer wieder den Vorschlag gemacht, den Begriff der Therapie selbst fallenzulassen und durch einen anderen Ausdruck zu ersetzen, der das Gegenüber nicht zum Kranken macht. Vielleicht sollten sie sich als Familienfreunde bezeichnen, die anderen Menschen helfen. Ob jemand, der einen Psychotherapeuten aufsucht, krank ist oder gesund – wer weiß das schon? Sicher ist doch lediglich, daß dieser Mensch an seinem Unglück leidet. Er kommt, um Hilfe zu suchen, nicht um geheilt zu werden. Und die Trauer über die eigene Verfassung oder den Zustand der Welt ist nicht notwendig pathologisch, sondern womöglich viel eher ein Zeichen mentaler Gesundheit: Man merkt, daß irgend etwas nicht stimmt, daß etwas nicht in Ordnung ist, daß es einen guten Grund gibt, um traurig zu sein.

B. P. Diese Begriffskritik und die Abneigung gegen die Rede von Therapie, Gesundheit und Heilung erinnern mich an die Arbeiten des englischen Logikers George Spencer-Brown, der in seiner berühmt gewordenen Abhandlung *Laws of Form* von der Annahme ausgeht, daß jede Beobachtung mit dem Akt des Unterscheidens einsetzt. Will ich etwas bezeichnen, muß ich mich zunächst für eine Unterscheidung entscheiden. Die Wahl der Unterscheidung bestimmt, so George Spencer-Brown, was überhaupt gesehen werden kann. Mit der Differenz von *gut* und *böse* kann ich – egal wo ich hinschaue – etwas anderes beobachten als mit der Unterscheidung von *reich* und *arm, schön* und *häßlich, neu* und *alt* oder eben *krank* und *gesund.*

H. F. Das ist ein guter Hinweis. Bei George Spencer-Brown findet sich der Satz: „Draw a distinction and a universe comes into being." Der Akt des Unterscheidens wird von ihm als eine Fundamentaloperation des Denkens begriffen. Sie läßt ein ganzes Universum entstehen und erzeugt Wirklichkeiten, die man vermeintlich in einem externen und von der eigenen Person abgelösten Raum vermutet. Man könnte auch sagen, daß wir, wenn es um solche Fragen geht, über ein semantisches Zauberkunststück sprechen: Die Rede von einer Therapie verwandelt den anderen notwendig in einen Kranken, der meiner Heilungsaktivitäten bedarf. Ich würde dagegen versuchen, einem Menschen, der einen seelischen Schmerz verspürt, zu helfen, so daß er diesen überwinden kann.

B. P. Das Ziel psychotherapeutischer Arbeit wäre es demnach, eine leidschaffende Realitätsvorstellung durch eine weniger schmerzhafte und weniger leidvolle zu ersetzen.

H. F. Dem würde ich grundsätzlich zustimmen, wobei ich auch sagen muß, daß Zeiten der Trauer etwas sehr Wichtiges sein können. Nicht umsonst kennen viele Kulturen Trauerperioden und Rituale des Trauerns, um mit dem Verlust eines Menschen oder einem anderen schrecklichen Ereignis fertigzuwerden. Es wird auf diese Weise die Unerträglichkeit des Leidens gemildert, aber nicht das Leid selbst vergessen oder verdrängt. Nein, vergessen kann und sollte man es nicht.

Die Erzeugung eines neuen Eigenverhaltens

B. P. Aus meiner Sicht stellt sich jetzt die Frage, welche Methoden und Techniken zu diesem Zweck angewendet werden, um eine leidvolle Situation erträglicher zu gestalten. Ich habe von Ihnen gelernt, Menschen als nichttriviale Systeme zu begreifen. Das ist eine Auffassung und Betrachtungsweise, die dem Konzept einer direktiven und linearen Steuerung und Veränderung enge Grenzen setzt: Man weiß nie, wie und auf welche Weise die beteiligten Personen reagieren werden.

H. F. Sie weisen ganz richtig darauf hin, daß ich einen Menschen als ein nichttriviales System auffasse. Und ich behaupte, daß diese einzelnen Menschen zusammen – sagen wir in einer Familie – selbst ein neues nichttriviales System bilden. Wenn dieses System geschlossen ist (und eine Familie ist ja in der Regel ein kulturell und sozial ziemlich geschlossenes System), dann wird durch die Wechselwirkung der beteiligten Personen ein bestimmtes Eigenverhalten generiert, das einzelne oder auch alle Beteiligten womöglich unglücklich macht. Die Aufgabe eines sogenannten Therapeuten besteht nun darin, diese Menschen, die da interagieren, zu einem neuen Eigenverhalten zu verführen, sie zu locken, andere Anfangswerte zu kreieren, die neue Eigenwerte entstehen lassen. Es sollte ihm nicht darum gehen, dieses Eigenverhalten zu erklären; das kann er nicht. Es ist nicht sein Job, seine Klienten zu benützen, um seine Hypothesen auszuprobieren und therapeutische Theorien zu falsifizieren. Seine Aufgabe ist es vielmehr, den Menschen, die zu ihm kommen, lustige Zankäpfel zuzuwerfen, so daß zum Beispiel die Mitglieder einer Familie beginnen, anders miteinander umzugehen und womöglich tief verschüttete Formen des Miteinander zu entdecken. Er muß Tricks benutzen, die es ihnen gestatten, ein neues, ein anderes Eigenverhalten zu erzeugen. Dafür wird er bezahlt.

B. P. Das, was Sie hier „Tricks" nennen, bezeichnen die jeweiligen Psychotherapeuten in der Regel etwas vornehmer als „nicht-direktive Stimuli" und sprechen von der Symptomverschreibung, der paradoxen Handlungsaufforderung, der Provokation. Und so weiter. Welche dieser Tricks scheinen Ihnen besonders erfolgversprechend, um leidschaffende Realitätsvorstellungen zu verflüssigen und erträglicher zu gestalten? Wie erzeugt man ein neues Eigenverhalten?

H. F. Mir hat die Methode des *circular questioning* in besonderer Weise Eindruck gemacht, die von einer Gruppe Mailänder Therapeuten erfunden wurde: Man fragt im Kreis herum. Da sitzt etwa eine typische Familie – Papa, Mama, Sohn und Tochter – dem Therapeuten gegenüber. Die Familie hat Schwierigkeiten mit ihrem Zusammenleben, aber der Therapeut geht auf diese Probleme gar nicht besonders ein, stellt eher oberflächliche Fragen – und wendet sich plötzlich an die Frau: „Was glauben Sie", so will er wissen, „denkt Ihre Tochter über Ihren Vater?" Die Frau wird unsicher, sie muß jetzt die Beobachtungsperspektive wechseln, sich in den anderen hineinversetzen und auf einmal – es ist ja nun der große Therapeut, der eine Frage stellt – eine Antwort erfinden. Plötzlich herrscht ein gewaltiges Erstaunen unter den Mitgliedern dieser Familie; und es ist diese Geschichte der Frau, die über die Vorstellungen ihrer Tochter spricht, die eine neue Realität generiert, auf die sich von diesem Augenblick an die anderen einstellen müssen. Die Konsequenz: Ein neues Eigenverhalten kann entstehen.

B. P. Vielleicht ist das ein guter Moment, um an dieser Stelle noch zu einem etwas anderen Thema überzuleiten, das auch das Feld Ihrer Themen und Ideen berührt: Die Frage ist doch, was der Begriff der geistigen Gesundheit aus Ihrer erkenntnistheoretischen Perspektive bedeutet. Oder umgekehrt: Psychiater sagen über Patienten, die halluzinieren und weiße Mäuse sehen, daß sie „den Bezug zur Realität" verloren haben. Ihre diagnostischen Begriffe sind ontologisch kontaminiert, denn sie gehen implizit von einer objektiv erkennbaren und ihnen selbstverständlich zugänglichen Realität aus.

H. F. Mir fällt zu diesem Thema eine kleine Geschichte ein, die von einem der zauberhaften Bücher des Psychiaters Oliver Sacks handelt. Dieses Buch trägt im Englischen den Titel *The man who mistook his wife for a hat* ... Im Deutschen heißt es *Der Mann, der seine Frau mit einem Hut verwechselte* ... Als ich mich während eines Vortrags vor Familientherapeuten einmal auf Oliver Sacks bezog, da passierte etwas Lustiges: Ich erwähnte dieses Buch und meinte, der Titel hieße doch „The man who took his wife for a hat". Die Therapeuten im Publikum kannten das Buch ganz offensichtlich auch – und riefen mir zu: „Heinz, das ist nicht korrekt, es muß heißen: 'The man who mistook his wife for a hat.'" Aha, sagte ich, dann ist dem Sacks offenbar etwas ganz Entscheidendes entgangen. Der Mann, über dessen Geschichte er schrieb, der hat ja nichts verwechselt. Der Mann hat seine Frau für einen Hut gehalten, sie war für ihn ein Hut. Das Buch müßte eigentlich, um die Zweideutigkeit der Interpretation deutlich zu machen, heißen: „Der Mann, der seine Frau für einen Hut hielt." Man weiß jetzt immer noch nicht, was los ist, wer die Dinge richtig sieht, man geht noch nicht von einer realistischen Präsupposition aus, die einen dazu zwingt, ein Verhalten auf eine ganz bestimmte Weise zu deuten.

Weiße Mäuse sehen lernen

B. P. Das heißt, daß Oliver Sacks das Verhalten dieses Mannes als ein realistischer Erkenntnistheoretiker interpretiert hat: Er kennt die Wirklichkeit, und sein Patient weicht signifikant von ihr ab. Der Grad der Realitätsanpassung ist die Basis der Diagnose, um festzustellen, ob ein Mensch normal ist, seelisch gesund.

H. F. Das ist der Punkt. Oliver Sacks hat nicht gesehen, daß dieser arme Mann keinen Fehler gemacht hat, sondern einen Hut wahrgenommen hat, den der Psychiater für seine Frau hält. Ganz ähnlich verhält es sich mit den weißen Mäusen, die ein Mensch, der sich im

Delirium tremens befindet, sieht. Da kommt der Arzt zur Tür herein und wird von dem Delirierenden auf die weißen Mäuse, die die Wände hinauf- und hinunterklettern hingewiesen – und sagt: Aber das sind doch keine weißen Mäuse, das ist nicht *wirklich* so, das ist eine Illusion, eine Schimäre. Ich kann dazu nur sagen: Der arme Arzt! Er sieht keine weißen Mäuse, er kann sich nicht in die Welt dieses Menschen, der seine Hilfe braucht, hineinversetzen. Er hat ein Problem.

B. P. Und trotzdem scheint es mir notwendig, eine Sprache zu finden, um einen Menschen, der beispielsweise halluziniert oder schizophren ist, von einem anderen zu unterscheiden, der nicht in dieser geistigen Welt lebt. Selbst wenn ich auf einer erkenntnistheoretischen Basis Ihre Ansicht teile, daß der Grad der Anpassung an die Wirklichkeit nicht das Kriterium für eine Diagnose sein kann, so muß doch dieses zweifellos vorhandene Anderssein artikulierbar bleiben.

H. F. Ich möchte erneut mit einer kleinen Geschichte antworten. Vor vielen Jahren hat das Mental Research Institute eine große Konferenz in San Francisco veranstaltet, die unter dem Motto stand: „Maps of the world – and maps of the mind." Dieser Titel war eine Anspielung auf den berühmten Satz von Alfred Korzybski, dem Begründer der allgemeinen Semantik, der in seinem dicken Buch *Science & Sanity* schreibt: „The map is not the territory", was soviel heißt wie: Die Landkarte ist nicht das Land. Diese Aussage bildet – neben einigen anderen – ein Kriterium zur Feststellung der Schizophrenie. Der Schizophrene verwechselt, so heißt es, Name und Ding, Symbol und Sache; er beginnt die Speisekarte zu essen, die den Hinweis auf eine Gemüsesuppe enthält, weil er glaubt, dies sei die Suppe. Als ich auf diesem Kongreß meinen Vortrag hielt, begann ich ihn mit der These: „Meine Damen und Herren, the map *is* the territory, die Landkarte ist das Land, wir haben ja nur *maps* und nichts anderes. In dem Moment, in dem wir in scheinbarer Klarheit ein Drinnen und ein Draußen unterscheiden, sind wir schon auf dem Holzweg. Wir sehen nur das, was wir sehen."

B. P. Aber wie würden Sie dann über diesen Menschen, den man schizophren nennt, sprechen? Es gibt doch, ganz offensichtlich, einen Unterschied zwischen dem Angebot einer Suppe, die sich auf einer Speisekarte findet, und der Suppe selbst.

H. F. Natürlich, das ist klar. Aber das heißt nun nicht, daß eine derartige implizit realistische Unterscheidung zwischen *map* und *territory* aufrechterhalten werden muß. Ich würde sagen: *The map of the map is not the map of the territory.* Damit ist eine Möglichkeit geschaffen, zwischen zwei Vorstellungswelten zu unterscheiden, ohne auf die Realität und auf ein vermeintlich unabhängiges Draußen zu verweisen, das die Basis der Differenzierung ist. Die beiden *maps,* die beiden Landkarten sind verschieden, aber das ist etwas ganz anderes als die Rede von der Landkarte und dem Land.

B. P. Auf diese Weise transformiert sich der Begriff der geistigen Gesundheit: Man stellt nicht mehr die Frage, ob der Schizophrene von einer heftig imaginierten Wirklichkeit abweicht, sondern nur noch, ob seine Realitätsvorstellungen im Vergleich zu den unseren angenehm oder eben schmerzvoll und unangenehm sind.

H. F. Genau; man kann sich vermutlich darauf einigen, daß die Speisekarte im Verhältnis zu der Gemüsesuppe gar nicht so gut schmeckt. Die Landkarte der Speisekarte ist ungenießbar. Die Landkarte der Gemüsesuppe läßt sich ohne weiteres genießen. Auf diese Weise geraten die Unterscheidungen, die zur Charakterisierung eines Schizophrenen benützt werden, auf eine ganz andere Ebene. Wir differenzieren jetzt zwischen zwei Vorstellungen, von denen nicht eine wahr ist und eine andere falsch, sondern sie sind beide in unseren Köpfen vorhanden.

3. Management

Und es sprach der Hierarch

B. P. Vielleicht machen wir auf unserem Streifzug durch das weite Feld der praktischen Anwendungen an dieser Stelle wieder einen kleinen Sprung und verlassen das Terrain der Psychotherapie, um zu einem anderen Gebiet oder Thema zu gelangen: dem Management oder auch der Managementwissenschaft. Was kann, ganz schlicht gefragt, ein Manager, der seinen Betrieb führen, seine Mitarbeiter motivieren, seine Entscheidungen durchsetzen und seinen Umsatz steigern will, von Ihnen lernen?

H. F. Ich möchte mit zwei wunderschönen österreichischen Sprichworten antworten, die da heißen: „Auch vom Dümmsten kann man lernen." Und: „Laß sie deppert sterben!" Das sind geflügelte Worte, die neben den Sätzen der großen Geister von Aristoteles, Sokrates und anderen über dem Portal einer jeden Universität stehen sollten.

B. P. Was bedeuten diese Sätze für ein modernes Management?

H. F. Mit dem ersten Sprichwort möchte ich einem Betriebsdirektor nahelegen, daß er von jedem Menschen, der in seiner Firma arbeitet, etwas lernen kann. Und auch von mir kann er, wenn er denn mag, etwas erfahren. Das zweite Sprichwort besagt, daß den Möglichkeiten, einem Menschen etwas beizubringen, Grenzen gesetzt sind, daß es also keinen Sinn hat, in einen Kontrollwahn zu verfallen und zu glauben, jeder ließe sich autoritär in eine bestimmte Richtung transformieren und in einen ganz bestimmten Menschentyp verwandeln.

B. P. Welche Managementkonzepte sind aus Ihrer Sicht zu verwerfen?

H. F. Zu den Traditionen des 19. und 20. Jahrhunderts gehört es, Betriebe und Organisationen hierarchisch aufzubauen. In einer Hierarchie, in der das „Heilige" (vom griechischen *hieros)* herrscht (vom griechischen *archein),* hat der Chef alle Macht, und die Befehle gelangen von oben nach unten. Diese Organisation eines Betriebs ist der Struktur der katholischen Kirche nachempfunden: Der Papst ist hier derjenige, der eine direkte Verbindung zum Heiligen besitzt und den Untergebenen mitteilt, was von oben gesagt und durchgegeben wird. Das Konzept einer hierarchischen Kommandostruktur basiert seinerseits auf der aristotelischen Vorstellung von einem absolut Besten, einem *Summum bonum.* Der Gedanke ist: Die Oberen wissen am besten, was getan werden soll. Allerdings hat sich herausgestellt, daß diese Kommandostruktur nicht besonders effektiv zu sein scheint, da die Kommunikation nur in eine Richtung abläuft und Fehler, die an der Basis erkannt werden, nicht das Verhalten der Oberen verändern. Diejenigen, die die unteren Ränge der Hierarchie bilden, werden gar nicht gehört. Es gibt, wie man heute sagen würde, kein Feedback.

B. P. Was sollte an die Stelle des autoritären Hierarchiemodells treten, demzufolge sich alle Untergebenen an den Befehlen eines allwissenden Chefs orientieren müssen? Welchen anderen Modus der Kommunikation schlagen Sie vor?

H. F. Fundamental ist vor allem, daß man sich von der Idee eines *Summum bonum* verabschiedet. Experimente zeigen, daß Menschen, wenn sie zwischen verschiedenen Möglichkeiten wählen, sich nicht an einer bestimmten Hierarchie von Werten orientieren, die einem letztgültigen *Summum bonum* untergeordnet sind. Ihre Wertschätzung ist nicht logisch-hierarchisch strukturiert. Man könnte beispielsweise jemanden auffordern, zwischen Äpfeln und Birnen zu wählen. Man fragt ihn: Welche Frucht ist Dir lieber? Und er entscheidet sich für die Birne. Damit wird diese zum höchsten Wert. Allgemeiner gesagt: B ist besser als A. Daraufhin verlangt man von ihm, zwischen Birnen und Zitronen zu wählen, und er entscheidet sich für die Zitronen, das heißt, daß die Zitrone in diesem Augenblick zum höchsten Wert aufrückt; C ist besser als B. Schließlich bittet man ihn, zwischen einem Apfel und einer Zitrone zu wählen. Wenn diese Versuchsperson Logik studiert hätte und brav logisch denkt, müßte sie die Zitrone wählen. Aber in dem Experiment entscheidet sie sich – zum Schrecken aller Logiker – für den Apfel. Das heißt: B ist besser als A; C ist besser als B; A ist besser als C. Man müßte aus den beiden Prämissen „B ist besser als A" und „C ist besser als B" schließen, daß von den drei (A, B, C) C das Beste und A das Geringste wäre. Aber, wie gesagt, zum Schrecken der Logiker wird das, was im Augenblick das Geringste zu sein scheint, im Experiment der paarweisen Gegenüberstellung dem anscheinend Besten vorgezogen. Die Wertentscheidungen, die Menschen treffen, sind zirkulär, was jedoch, folgt man den traditionellen Theorien, die sich auf eine bestimmte Hierarchie der Werte gründen, nicht der Fall sein dürfte. Ein derartiger Modus der Auswahl wird demgemäß als eine Wertanomalie bezeichnet. Aber vielleicht, so könnte man sagen, ist ja eine Logik, die diese Form der Entscheidung und Auswahl verlangt, die eigentliche Anomalie – und nicht das menschliche Verhalten.

Heterarchisch denken

B. P. Was bedeuten diese Ausführungen zur Wertanomalie für das Management?

H. F. Einen Moment, bitte. Man muß, bevor sich diese Frage klären läßt, wissen, daß die Wertanomalie von dem Neurophilosophen Warren McCulloch ernstgenommen wurde. Ihm gelang es, dieses Phänomen zu erklären, indem er es mit seinen Beobachtungen zur Struktur des Nervensystems in Verbindung brachte. Vor mehr als einem halben Jahrhundert, im Jahre 1943, erschien sein grandioser Artikel *A Heterarchy of Values Determined by the Topology of Nervous Nets*. Warren McCulloch hat diese Arbeit natürlich nicht für Betriebswirtschaftler oder Theoretiker des Managements verfaßt, sondern er behandelte, ausgehend von der Neurologie, die Frage, warum Menschen so organisiert sind, daß sie die Wertanomalie als ein sogenanntes normales Verhalten adoptieren. Er hat gezeigt, daß das Nervensystem über den sogenannten „Reflexbogen" eine sensomotorische Schleife bildet: Ein Stimulus erzeugt eine Reaktion, die zu einer motorischen Aktivität führt, die wiederum zu einem Stimulus führt. Was hier vorliegt, ist eine sensomotorische Schleife, ein Ring aus Sehen und Handeln, Handeln und Sehen, der zu einer Stabilität des Handelns führt. Aber das ist nicht alles: Wie McCulloch weiter bemerkte, eine Theorie der Bewertung muß die Möglichkeit der Wahl enthalten. *Wahl* aber impliziert, daß zwei oder mehr mögliche Handlungen unverträglich sind. Das heißt, daß die erfolgte Handlung alle unverträglichen verändern muß. Mit anderen Worten: Im Falle von zwei vollständigen sensomotorischen Kreisen, die je ein Verhalten bestimmen, muß die Möglichkeit bestehen, daß einer den anderen unverträglichen blockiert (Abb. 5a). Dieses Schema kann beliebig erweitert werden (Abb. 5b), und es zeigt, daß die Organisation einer Hierarchie auf einer Ebene gezeichnet werden kann. Die Zirkularität der Wertanomalie entsteht erst dann, wenn auch die Hemmungen einen geschlossenen Kreis bilden. (Abb. 5c skizziert diese Schließung durch eine hemmende Verbindung des innersten mit dem äußersten Kreis, die McCulloch „Diallele" nennt.) Die Topologie dieser Organisation läßt sich nicht mehr auf einer Ebene abbilden. Die angemessene Geometrie ist die eines Rings (Torus), bei dem die sensomotorische Schleife über die Oberfläche längs des Großkreises des Rings läuft, während die hemmenden Schleifen längs der Peripherie des Querschnittes laufen. Das Wort Heterarchie geht, so möchte ich noch hinzufügen, auf die griechischen Wörter *heteros* (der andere, der Nachbar) und *archein* (herrschen) zurück. Heterarchie bedeutet: die Herrschaft des anderen. Es ist nicht mehr der Heilige, der von oben herab regiert, es hat keinen Sinn mehr, von absoluten Werten zu sprechen; jeder ist an der Herrschaft beteiligt, die Herrschaft wird zirkulär.

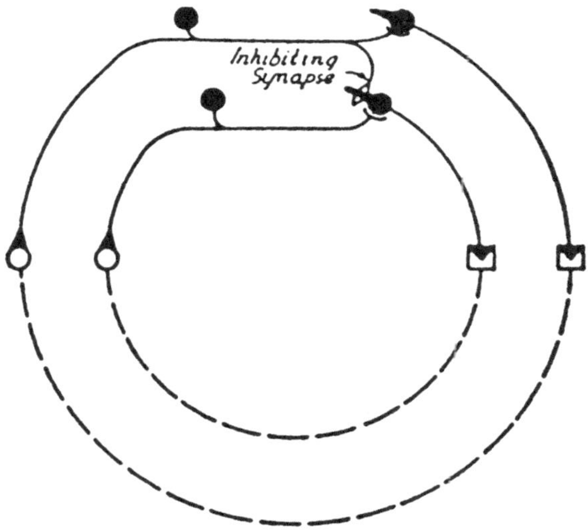

Abb. 5a: Die Skizze zeigt zwei sensomotorische Kreise, bei dem der äußere durch eine blockierende Synapse den inneren Kreis inaktiviert. Die gestrichelten Linien symbolisieren die Schließung über die Außenwelt; die durchgezogenen Linien beschreiben die Nervenbahnen. Die kleinen offenen Kreise stellen Sensoren dar; die kleinen Quadrate stehen für die Motoreinheiten (Muskeln). Die erregenden Synapsen werden durch volle, schwarz ausgemalte Punkte dargestellt; die blockierenden Synapsen werden durch Schleifen um die „Dendriten" symbolisiert.

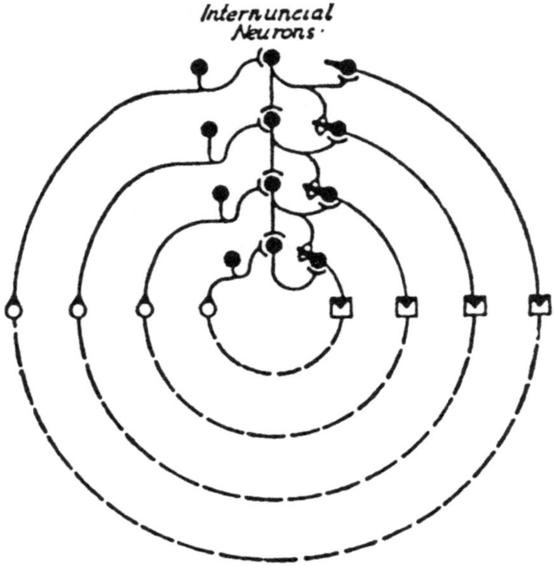

Abb. 5b

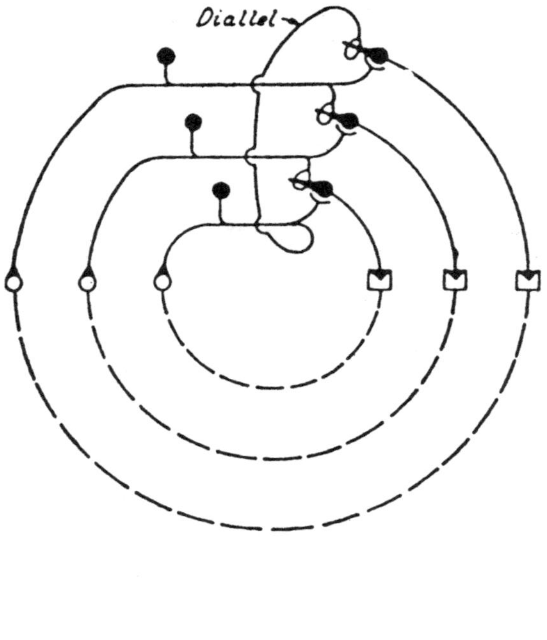

Abb. 5c

B. P. Was heißt das für die Organisation eines Betriebes?

H. F. Aus einer heterarchischen Sicht ist jeder Mitarbeiter eines Betriebes als ein Manager in seinem Spezialgebiet anzuerkennen. Der Mann an der Drehbank entscheidet über jene Fragen, die in sein Arbeitsgebiet hineinfallen. Er weiß am besten, wie eine Drehbank funktioniert, wie man eine Spindel aus einem bestimmten Stahl, die einen besonderen Durchmesser besitzt, herstellt. Er ist kein Untertan mehr. Und diese neue Sicht stellt eine ungeheure psychologische Befreiung dar. Es entsteht eine Organisationsstruktur, die man eben, so möchte ich vorschlagen, mit dem Begriff der Heterarchie umschreiben kann. In einer Heterarchie ist es der jeweils andere, der die Entscheidungen trifft. Da ich aus der Sicht eines anderen ein anderer bin und auch jeder andere zum anderen ein anderer ist, komme auch ich einmal und kommt auch jeder andere einmal dazu, Entscheidungen zu treffen. Das ist eine zirkuläre Struktur. Es regieren alle miteinander und füreinander; die Manager werden über den gesamten Betrieb verteilt. Jeder muß auf seinen Nachbarn hören, der auf seinen Nachbarn hören muß, der er selbst sein kann.

B. P. Was Sie hier vorschlagen, klingt nach einer Menge Konfusion und nicht nach einem Gewinn, sondern einem Verlust von Sicherheit. Niemand weiß genau, wer in einem Betrieb die tatsächliche Entscheidungsautorität besitzt.

H. F. Die Entstehung von Unsicherheit, die Sie jetzt beklagen, ist das eigentlich Wichtige. Sie erzeugt Fragen. Sie macht es überhaupt möglich, daß sie gestellt werden, lädt zu Antworten ein, die noch nicht endgültig festgelegt sind, sondern selbständig und eigenverantwortlich gefunden werden.

B. P. Das heterarchische Modell erscheint mir aus der Perspektive derjenigen, die, hierarchisch gesprochen, eher im unteren Bereich anzusiedeln sind, ausgesprochen attraktiv. Sie bekommen mehr Macht; ihre Stimme wird gehört. Allerdings bedeuten diese Ideen auch, daß eine gewisse heroische Managermythologie, die von der einsamen, aber richtigen Entscheidung überarbeiteter und sich opfernder Führerfiguren handelt, destruiert wird. Der Manager verliert seine überlegene Position, er kann sich nicht mehr als siegreicher Feldherr präsentieren, der gewaltige Profite für das von ihm geleitete Unternehmen erkämpft.

H. F. Sie haben mir zu Beginn dieses Gesprächs die Frage gestellt, was ein Manager von mir lernen kann. Und ich möchte jetzt hinzufügen, daß das einzige, was er von mir lernen kann, ist, daß er nichts von mir lernen kann, aber alles von Menschen, die in seinem Betrieb arbeiten. Er kann von dem Mensch an der Drehbank etwas erfahren; seine Verkäufer können ihm etwas beibringen und der Bote, der ihm die Post bringt. Wenn er dazu bereit ist, wird er zu einem kreativen Element in einer heterarchischen Organisation, die wir einen Betrieb nennen.

Die Schlacht an den Midway-Inseln

B. P. Können Sie das heterarchische Modell, dessen Attraktivität sich ja auch danach bemißt, ob es ein effektives und harmonisches Zusammenspiel der einzelnen Menschen gestattet, an einem Beispiel illustrieren?

H. F. Zwischen der amerikanischen Westküste und der japanischen Ostküste, an den Midway-Inseln, kam es einmal zu einer Seeschlacht zwischen Japanern und Amerikanern, die berühmt geworden ist. Die zahlenmäßig weit überlegene japanische Flotte drohte die amerikanische Flotte zu vernichten und zerstörte gleich zu Beginn das Flaggschiff, von dem aus mit Hilfe eines komplizierten telegrafischen Systems kommandiert wurde. Sie vernichtete den Kopf der Hierarchie. Die erstaunliche Konsequenz war, daß sich die einzelnen Schiffe der Amerikaner augenblicklich – natürlich ohne, daß ihnen dies bewußt war und ohne daß sie die neurologische Parallele ihres Verhaltens kannten – heterarchisch organisierten. Man schaltete von einer Hierarchie auf eine Heterarchie um. Die Mannschaft auf jedem dieser Schiffe begann, eigenverantwortlich zu agieren, herannahende feindliche Boote den jeweiligen Nachbarschiffen zu melden, diese abzuschießen. Die neuen Admiräle waren die Kapitäne der herumkreuzenden lächerlichen Gun-Boats. Und an demselben Nachmittag wurde die gesamte japanische Flotte vernichtet. Dieses Beispiel zeigt, daß unter den Bedingungen der Selbstorganisation eine Heterarchie entstehen kann.

B. P. Mir scheint es wichtig, den Begriff der Selbstorganisation, den Sie gerade ins Spiel gebracht haben, zu definieren. Der Ökonom und Nobelpreisträger Friedrich von Hayek liefert einen guten Definitionshinweis, wenn er schreibt, es gebe „nur einen Weg, die Grenzen der geistigen Leistungsfähigkeit des einzelnen zu überwinden, nämlich den, jene überindividuellen Kräfte der ‚Selbstorganisation' zu mobilisieren, die spontane Ordnungen schaffen." Selbstorganisation läßt sich somit als die spontane Entstehung von Ordnung definieren, die eben, wenn man einen Betrieb streng hierarchisch organisiert, immer schon auf eine fraglose Weise gegeben ist. Der Begriff der Selbstorganisation gewinnt im Management seine Kontur im Gegensatz zu der Vorstellung von einer externen Kontrolle und Herrschaft, die von einem Befehle gebenden Chef ausgeübt wird.

H. F. Sicher, wenn man diese Interpretation von Friedrich von Hayek zugrundelegt, dann könnte man sagen, daß sich die amerikanische Flotte während der Schlacht an den Midway-Inseln auf eine heterarchische Weise selbst organisiert hat. Und es läßt sich hinzufügen: „Lieber Mr. von Hayek, da haben Sie mal wieder eine ganz richtige Beobachtung gemacht … Selbstorganisation kann spontan entstehen!" Allerdings möchte ich dazu auffordern, die Idee der Selbstorganisation nicht zu sehr mit dem Begriff der Heterarchie zu vermengen; es handelt sich hier um verschiedene Phänomene. Selbstverständlich ist es möglich, daß sich aus einer Hierarchie spontan und von selbst eine Heterarchie entwickelt, wobei sich dieser Prozeß nicht immer spontan vollziehen muß, sondern auch Jahrzehnte dauern kann. Natürlich lassen sich die beiden Begriffe *Heterarchie* und *Selbstorganisation* vielfältig aufeinander abbilden und zueinander in Beziehung setzen, aber ich möchte doch dafür plädieren, sie separat zu diskutieren.

Prinzipien der Selbstorganisation

B. P. Wie lassen sich die Merkmale eines selbstorganisierenden Systems auf eine andere Weise beschreiben? Wie würden Sie den Begriff definieren?

H. F. Überhaupt nicht; ich schlage vor, daß wir uns jeder weiteren Definition enthalten und statt dessen eine Reihe von Überlegungen und Ideen besprechen, die möglicherweise zu einer tiefergehenderen und dynamischeren Interpretation dieses Konzepts führen.

B. P. Blicken wir für einen Moment zurück. Wer hat den Begriff der Selbstorganisation geprägt?

H. F. Geprägt wurde dieser Terminus in den 50er Jahren von den beiden Elektroingenieuren W. A. Clark und B. G. Farley. Sie erkannten, daß sich Operatoren, die in einer geschlossenen Beziehung stehen, irgendwie stabilisieren und beobachteten – noch ohne eine Theorie der rekursiven Funktionen oder des Eigenwertes zu kennen – das Phänomen, daß bestimmte geschlossene Systeme nach einer gewissen Zeit stabile Formen des Verhaltens entwickeln. Hans Rudi Fischer zeigte etwa 1990 in einer sorgfältigen historischen Analyse, daß die Grundideen, die selbstorganisierenden Systemen zugrunde liegen, vielleicht sogar schon von Immanuel Kant angedeutet wurden: „Teile eines Ganzen verbinden sich dadurch zur Einheit", so Kant, „daß sie wechselseitig Ursache und Folge ihrer Form sind." Heute würden wir auf die Zirkularität ihrer Organisation hinweisen. Aber zurück zu den 50er Jahren: Man baute damals, um nur ein Beispiel zu nennen, die Modelle von binären Netzwerken, bei denen kleine Lampen an- und ausgehen. Das Erstaunliche: Nach einer Phase des ungeordneten An- und Ausgehens stellen sich vielfach geordnete Muster ein, die Lämpchen beginnen in merkwürdigen Tänzen zu flackern. Und wenn man eine kleine Störung provoziert, bildet sich ein anderes flackerndes Muster heraus. Jedenfalls: Mir schienen diese Arbeiten von Clark und Farley sehr interessant, und ich regte das Office of Naval Research, das damals mein eigenes Forschungslaboratorium unterstützte, dazu an, eine erste große Konferenz zu Fragen der Selbstorganisation zu veranstalten. Sie fand am 5. und 6. Mai 1959 in Chicago statt. Auch ich hielt dort einen Vortrag.

B. P. Worüber haben Sie gesprochen?

H. F. Ich wies die Versammelten darauf hin, daß man, wenn von Selbstorganisation die Rede ist, ein Maß für die Zu- oder Abnahme von Ordnung erfinden muß – und schlug, ausgehend von Claude

Shannons Informationstheorie und dem Begriff der Redundanz, ein solches Maß vor, das es möglich macht, den Grad der Ordnung innerhalb eines Systems zu bestimmen und mathematisch auszudrükken. Mein Anliegen war es auch, zu zeigen, daß die Idee der Selbstorganisation, die von einem thermodynamisch völlig abgeschlossenen System ausgeht, nicht akzeptabel ist. Ich habe damals davor gewarnt, das Wort *Selbst* allzu ernst zu nehmen und nur auf das vermeintlich isolierte System zu schauen, das nicht mehr in seiner Einbettung in eine Umwelt wahrgenommen wird. Diese Umwelt fungiert, darauf wies ich hin, als ein Energielieferant. Das System braucht sie, um sich beständig selbst zu organisieren.

B. P. Wie läßt sich das Verhältnis von Umwelt und System noch genauer bestimmen? Die Vorstellung, daß eine äußere Umwelt die innere Ordnung des Systems determiniert, würde ja dem Konzept der Selbstorganisation widersprechen.

H. F. Natürlich. Schon während dieser Konferenz habe ich das erste Mal das Prinzip „Ordnung durch Störung“ (*order from noise*) vorgestellt, das Ihre Frage nach dem Verhältnis von innerer Ordnung und den Zuständen in der Umwelt erhellt. Es läßt sich mit Hilfe eines einfachen Experiments illustrieren. Man nehme ein paar kleine Würfel, auf die magnetische Folien aufgeklebt werden und die, was ihr Gewicht betrifft, gerade noch schwimmen können. Diese Würfel setzt man in einen Behälter mit Wasser, beginnt ein bißchen zu schütteln, führt ihnen ungerichtete Energie zu, erzeugt *noise* in der Umwelt, induziert eine Störung. Zu Beginn driften die Würfel amorph durch die Gegend, aber mit einem Mal fangen sie an, sich zu kombinieren, sie entwickeln die tollsten Strukturen, die schönsten Kristalle und die faszinierendsten Klumpen. Ihre jeweilige Struktur ist eine innere, die sich aber durch eine Störung – in diesem Fall: das Schütteln – realisiert. Ordnung importiert das System also nicht aus der Umwelt, sondern es ist eine ungerichtete Zufuhr von Energie, die in das System integriert und dazu benützt wird, eine eigene innere Ordnung auszubilden.

B. P. Wie läßt sich Ihr Verständnis von Selbstorganisation mit den konkreten Führungsaufgaben des Managements in Verbindung bringen?

H. F. Ich möchte dazu einladen, das Konzept des *Selbst* auf eine dynamische Weise zu deuten und den Begriff der *Organisation* in einem anderen Licht zu sehen. Vielleicht entsteht, wenn man diesen etwas komplexeren und nicht mit fertigen Definitionen operierenden Zugang wählt, eine Tiefe des Verstehens, die über das übliche Gerede hinausgeht.

B. P. Sie wollen sich von einem bloß modischen Gebrauch des Begriffs Selbstorganisation lösen, der ja in der Tat zu den magischen Formeln eines sich modern gebenden Managements gehört. Man suggeriert: Alles wird sich schon selbst richten, selbst organisieren; wir müssen gar nichts tun. Selbstorganisation ist vielfach zu einer Entlastungsvokabel geworden.

H. F. Mit diesem so beliebten Gesellschaftsspiel, die eigene Verantwortung irgendwie wieder loszuwerden, möchte ich ausdrücklich nichts zu tun haben; da haben Sie schon recht. – Aber stellen wir uns doch für einen Moment die Frage, was dieser äußerst schlüpfrige Begriff des *Selbst,* auf dem schon diverse Philosophen ausgerutscht sind und sich eine blutige Nase geholt haben, bedeutet. Was meinen Sie?

B. P. Das erste Merkmal: Die Vorsilbe *Selbst-* enthält ein Moment der Zirkularität; der Begriff verweist auf denjenigen, der ihn gebraucht, zurück.

H. F. Sehr gut, ja. Das Bewußtsein des Bewußtseins ist *Selbst*bewußtsein; das Verständnis des Verständnisses ist ein *Selbst*verständnis. Und die Organisation einer Organisation ist eine *Selbst*organisation. Ich würde vorschlagen, daß man immer, wenn dieses Selbst auftaucht, dieses Moment der Zirkularität betont. Die Konsequenz: Das Selbst erscheint nicht als etwas Statisches oder Festes, sondern wird permanent und immer wieder erzeugt. Es gerät in Bewegung. Ich plädiere dafür, die Dynamik dieses Begriffs auch dann aufrechtzuerhalten, wenn von *Selbst*organisation gesprochen wird. Das Selbst ändert sich, so meine ich, in jedem Moment, in jeder einzigen Sekunde.

B. P. Die Identität eines Menschen erscheint demnach nicht mehr als etwas an sich Feststellbares, sondern als eine jeweils augenblicksgebundene Erscheinungsform, als das Ergebnis sich beständig wandelnder Interaktionen und Begegnungen. Die einzige Konstante ist die Veränderung.

H. F. Genau, ständig herrschen Wandel und Bewegung. Der Begriff des Selbst ist die engste und letzte Spielform der Zirkularität. Es ist die Zirkularität des Ich. Was ist, so ließe sich weiterfragen, dieses ominöse Ich? Meine Antwort: Es ist die Reflexion der Reflexion der Reflexion ad infinitum. Das Ich kann als der Eigenwert der unendlichen Reflexion über sich selbst verstanden werden. Diese Vorstellung von einer ununterbrochenen Bewegung ist von der Idee einer statisch zu denkenden Identität zu unterscheiden, von der die Psychologen so gerne reden, wenn sie bei ihren Klienten eine Identitätskrise diagnostizieren. Allerdings: Ich würde den Psychologen entgegenhalten, daß sie es sind, die diese Krise produziert haben, weil sie an so etwas wie eine Identität überhaupt glauben.

B. P. Das Selbst erscheint aus dieser Sicht als etwas Dynamisches, Flüssiges. In welcher Form möchten Sie über den Begriff der Organisation nachdenken?

H. F. Wenn sich etwas organisiert, das muß man sich noch einmal in Erinnerung rufen, dann nimmt der Grad der Ordnung zu. Allerdings macht sich niemand darüber Gedanken, was die Zu- oder Abnahme von Ordnung, die Verbesserung oder die Verschlechterung einer Organisation eigentlich bedeuten. Kurzum, was erfunden werden muß, bevor man überhaupt in einer sinnvollen Weise von Selbstorganisation sprechen kann, ist ein Maß für die Zu- oder Abnahme von Ordnung. – Was, glauben Sie, sind die Kriterien eines Managers, den man nach seinen Vorstellungen von einer *besseren Organisation* fragt?

B. P. Vermutlich würde dieser Manager seine Bilanzen auf den Tisch legen, Zahlen nennen und von steigenden Umsätzen sprechen.

H. F. Wenn er diesen Bewertungsmaßstab zugrundelegt, wäre es ihm egal, ob sich die Menschen in seinem Betrieb wohlfühlen, ob sie viel oder wenig verdienen. Die Folge: Das *downsizing* – die Verkleinerung der Belegschaft und der Hinauswurf zahlreicher Mitarbeiter – erscheint als eine erstrebenswerte Strategie. Auf diese Weise spart man Gehälter und Versicherungssummen. Der Manager, der eine solche Strategie wählt, nimmt den Betrieb nicht als einen Gesamtorganismus wahr, sondern er sieht nur den Profit – und nicht die Gesundheit, die Freude und das Wohlbefinden derjenigen, die für ihn arbeiten. Das ist der Grund, warum es mir so wichtig ist, die Kriterien herauszuarbeiten, die man zugrundelegt, um von einer Verbesserung des Grades der Organisation zu sprechen. Ansonsten bleibt es unklar, ob die Rede von der Selbstorganisation eigentlich gut oder schlecht ist.

B. P. Wie sieht Ihr Kriterium aus, um die Zunahme von Ordnung in einem selbstorganisierenden System zu bewerten?

H. F. Aus meiner Sicht sind ein heterarchischer Kommunikationsmodus und die Wahrnehmung des Betriebes als ein Ganzes entscheidende Kriterien. Jeder hat in einem heterarchisch organisierten Betrieb eine Stimme, die, wenn es um die Verbesserung des Produkts geht, gehört werden kann; es kommunizieren beispielsweise die Leute aus der Designabteilung mit denjenigen, die an der Drehbank arbeiten über die kümmerliche Aufmachung eines bestimmten Produkts, die es zu verändern gilt. Man könnte auch sagen, daß einzelne heterarchische Inseln, einzelne Abteilungen, sich zu einem kooperierenden Netzwerk zusammenschließen.

B. P. Die Aufgabe eines Managers bestünde demnach, wenn man nun diese dynamische und ganzheitliche Interpretation der verschiedenen Begriffe zugrundelegt, in der *Organisation der Selbstorganisation.* Er stellt sicher, daß die einzelnen Mitarbeiter miteinander kommunizieren und daß ihre Stimme gehört wird, er setzt durch, daß sich ihre Talente zum Wohl der Firma entfalten können, daß Dynamik möglich wird.

H. F. Die Aufgabe eines solchen Managers ist es, dafür zu sorgen, daß alle Mitarbeiter zu der Auffassung gelangen, daß sie in einem funktionierenden, freundlichen und guten Betrieb arbeiten. Er muß nicht nur einige wenige zufriedenstellen, die sich über eine zusätzliche Auszahlung an die Aktionäre freuen, sondern auch die Putzfrau, die hier arbeitet. Dieser Manager sollte versuchen, sich und die anderen in ein heterarchisches Netzwerk einzufügen, so daß der Fluß des Wohlbefindens alle Mitglieder dieser Organisation erreicht und berührt. Und wenn dies dank seiner Weitsicht gelingt, dann hat er sein Ziel erreicht: Die Organisation organisiert sich selbst – und zwar auf eine Weise, die allen Freude macht.

4. Kommunikation

Die Welt enthält keine Information

B. P. Auffällig ist, daß alle Disziplinen und Prozesse der Menschenveränderung, über die wir gesprochen haben, im weitesten Sinne auf Kommunikation angewiesen sind: Pädagogen und Lehrer kommunizieren mit Schülern, Therapeuten mit Patienten und Manager mit Mitarbeitern bzw. Mitmanagern. Es stellt sich die Frage: Was geschieht hier? Was ist Kommunikation? Was nicht?

H. F. Mir scheint es sinnvoll, sich über eine ganz einfache, ganz simple Vorstellung von Kommunikation zu nähern, die sich in zahlreichen frühen Lehrbüchern findet. Man sieht da stets ein bestimmtes Bild: zwei kleine Kästchen, die den Sender und den Empfänger symbolisieren. Diese Kästchen sind in der Regel durch eine Linie verbunden, die den Kommunikationskanal darstellen soll.

B. P. Dieses Modell legt nahe, daß Kommunikation als ein schlichter Informationstransfer von einem Sender zu einem Empfänger zu begreifen ist.

H. F. Mehr noch; im Rahmen dieses Modells wird Information verdinglicht, sie erscheint als ein Gut, als eine Substanz, die durch Röhren übermittelt werden kann. Ich war schon sehr früh, als diese Konzepte aufkamen, irritiert. Ende der 40er Jahre schrieben Claude Shannon und Warren Weaver ein sehr wichtiges Büchlein mit dem Titel *The Mathematical Theory of Communication*, in dem sie – ausgehend von den Modellen der Fernmeldetechnik – von der getreuen und genauen Übertragung von *Information* von einem Sender zu einem Empfänger sprachen. Ihre genialen und faszinierenden Gedanken bilden die Grundlage einer Reihe von irrigen Vorstellungen über den Prozeß der Kommunikation. Schon damals habe ich eingewandt, daß das, was hier Information genannt wird, eigentlich ein Signal ist, daß also die sogenannte Informationstheorie, die sich mit dem Problem befaßt, wie man eine als Signal kodierte Nachricht durch einen rauschenden Kanal empfängt, genaugenommen eine Signaltheorie darstellt.

B. P. Was ist aus Ihrer Sicht, die den Erkennenden so sehr in den Vordergrund rückt, Kommunikation? Was ist Information? Wo befindet sie sich? Wo entsteht sie?

H. F. Sie entsteht in demjenigen, der mit einem Signal etwas anfangen kann. Sie ist, so meine ich, kein Gebrauchsgegenstand, der sich außerhalb des wahrnehmenden Bewußtseins befindet. Bücher und Zeitungen, Ton- und Videobänder, Straßenschilder usw. enthalten also keine Information, sondern sie sind Träger potentieller Information, das ist ein wichtiger Unterschied. Wer das Chinesische nicht beherrscht, dem erscheinen die Schriftzeichen des *I Ging* lediglich als eine Sammlung von merkwürdigen Krähenfüßen auf weißem Papier. *Die Welt enthält keine Information, die Welt ist, wie sie ist.* Das bedeutet: Man sieht ein bestimmtes Straßenschild oder ein rotes Licht, und da man gerade den Führerschein gemacht hat, kann dieses Signal zu einer Information werden, die einen dazu veranlaßt, auf die Bremse zu treten, die Kupplung zu lösen, das Auto anzuhalten. Es ist die Operation, die in einem Menschen vorgeht, die ein Signal in eine Information transformiert.

B. P. Kommunikation läßt sich somit als eine individuelle Sinnkonstruktion beschreiben.

H. F. Natürlich, wobei das Ergebnis dieser Sinnkonstruktion gar nicht so individuell zu sein braucht: An der roten Ampel bleiben die meisten Autos stehen. Der Grund dafür ist, daß wir in einer Kultur leben, die uns dazu bringt, ein stabiles Eigenverhalten zu entwickeln, Signale auf eine spezifische Weise zu interpretieren, sie als eine Einladung zu ganz bestimmten Verhaltensweisen zu deuten – und im Falle einer roten Ampel auf die Bremse zu treten. Man könnte auch sagen, daß man nicht informiert, sondern „in Form gebracht" wird: Die eigene, die innere Form ist es, die einen auf eine bestimmte Weise reagieren läßt.

Hermeneutik des Hörers

B. P. Was heißt es, ein Signal, eine Erklärung, einen Gedanken oder eine Idee zu verstehen? Wie läßt sich das Verstehens- und Bedeutungserlebnis beschreiben?

H. F. Die Logik der Frage, die Sie stellen, ist von besonderer Beschaffenheit; Sie wollen Verstehen verstehen, Sie fragen rekursiv nach Ihrer eigenen Rekursivität. Was Sie hören möchten, ist eine Erklärung, die ich ja, wie schon gesagt, als eine semantische Relation zwischen zwei Beschreibungen auffasse.

B. P. Worauf wollen Sie hinaus?

H. F. Nun, man könnte das Erlebnis des Verstehens aus einer neurologischen oder einer poetischen Perspektive charakterisieren. Aber ich möchte mit einer kleinen Anekdote antworten und nicht über Synapsen, elektrische Impulse oder die Metaphern eines Dichters sprechen. Meine Frau und ich haben einmal einen Studenten in unser Haus eingeladen, der aus einem kleinen afrikanischen Dorf kam; er hieß Ignatius, studierte an der Universität von Illinois Agrikultur, wohnte einige Zeit bei uns und war ein Mitglied der Ibos. Das ist ein Stamm, der an der Westküste Afrikas lebt. Auf seinem Schreibtisch sah ich eines Tages eine Schwarzweißfotografie des Stammeshäuptlings. Und da Ignatius selbst gerne fotografierte, schenkten wir ihm zu Weihnachten eine kleine Kamera. Er war ganz begeistert und brachte die Filme ins Labor. Als er die ersten Fotos abgeholt hatte, kam er aufgeregt zu mir und sagte: „Man hat mich betrogen. Ich habe das Bild unseres Häuptlings, das auf meinem Schreibtisch steht, mit einem Farbfilm fotografiert. Und die Bilder, die ich von dem Labor bekommen habe, sind schwarzweiß. Man hat mich betrogen." Ich sagte Ignatius, daß dies keineswegs der Fall sei, da ja die Fotografie auf seinem Schreibtisch schwarzweiß sei. Er meinte, er verstehe das alles sehr gut, aber man habe ihn betrogen, da es sich um einen Farbfilm handele. Mein Sohn Tommy, der Physiker ist, kam in diesem Moment zur Tür herein und gab Ignatius eine schwierige quantenmechanische Erklärung. Ignatius wiederholte, daß er dies alles sehr gut verstehe, aber man habe ihn betrogen. Und wieder hatte auch die physikalische Erklärung kein Verständnis erzeugt. Schließlich besuchte uns eines Tages ein junger

Mann, der in Nigeria als Lehrer gearbeitet hatte. Ich wies ihn auf unsere Versuche hin, Ignatius klarzumachen, daß er keineswegs betrogen worden sei, da nun einmal mit einem Farbfilm fotografierte Schwarzweißbilder nicht plötzlich farbig werden können. Daraufhin stellt sich dieser junge Lehrer vor den Ignatius hin, schaut ihn durchdringend an und sagt laut: „It doesn't work!" – Es funktioniert nicht! Darauf sagt Ignatius: „Aha, jetzt verstehe ich!"

B. P. Wenn ich dieses Beispiel interpretiere, so könnte man sagen: Verstehen und Begreifen entstehen in Form einer Wechselwirkung zwischen dem, was gesagt wird, und dem, was jemand bereits – aufgrund seiner besonderen Kultur oder Herkunft – weiß, kennt und erwartet. Die Art und Weise der Erklärung paßte, um bei diesem Beispiel zu bleiben, zuerst nicht zu der Form, die dieser afrikanische Student von einer Erklärung verlangte. Als ihm die Erklärung in einer syntaktischen Struktur angeboten wurde, die ihm vertraut erschien, verstand er.

H. F. Ich danke Ihnen sehr; mehr braucht man nicht zu sagen. Sie haben auf die schönste Weise beschrieben, was aus Ihrer Sicht ein Verstehens- und Bedeutungserlebnis ist. Sie haben genau das gesagt, was *Sie* gebraucht haben, um zu verstehen, was Sie wissen wollten. Sie haben eine Erklärung geschaffen, die Ihnen akzeptabel erscheint und es Ihnen möglich macht, das Verstehen zu verstehen. *Ihre* Interpretation dieser kleinen Anekdote ist ein wunderbarer Hinweis auf das hermeneutische Prinzip, das ich einmal formuliert habe. Es lautet: *Der Hörer, nicht der Sprecher, bestimmt die Bedeutung einer Aussage.* Gewöhnlich glaubt man, daß der Sprecher festlegt, was ein Satz bedeutet, und der Hörer verstehen muß, was der Sprecher gesagt hat. Aber das ist ein fundamentaler Irrtum. Der Hörer ist es, der die merkwürdigen Laute, die ich oder ein anderer mit Hilfe der eigenen Stimmlippen hervorrufen, interpretiert und ihnen einen bzw. seinen Sinn gibt.

B. P. Damit stellt sich die Frage, ob es überhaupt ein und dieselbe Aussage gibt, oder ob wir es nur mit verschiedenen Versionen und Auffassungen zu tun haben, die vermeintlich ein und denselben Gegenstand beschreiben.

𝔥. 𝔉. Ich glaube, daß selbst Paraphrasen nicht dasselbe beschreiben. Ein Kollege von mir, der ebenso an der Universität von Illinois tätig war, hat schier unglaubliche Experimente gemacht: Sie zeigen, wie scheinbar ein und dieselbe Beobachtung in Sprache übertragen wird – und was dabei geschieht. So hat er einmal zweihundert Studenten gebeten, das folgende Geschehen zu charakterisieren: Auf eine lange Schnur, die quer durch den Hörsaal reichte, waren ein kleiner und ein großer Ball aufgezogen. Er nahm den großen Ball, ließ ihn gegen den kleineren sausen; der große Ball stupste den kleinen Ball. Das war alles, was passierte. Die männlichen Studenten schrieben in der Regel, daß hier ein großer Ball einen kleinen berührt und wegstupst; sie nahmen die Aggression wahr. Die Studentinnen beobachteten zumeist, daß hier ein kleiner Ball von einem größeren weggestoßen wird; sie sahen dieses Ereignis aus der Perspektive des Opfers und gaben ihm entsprechend eine andere Bedeutung. In beiden Fällen reflektierte sich der jeweilige Beobachter in seiner Beschreibung.

Medienwirklichkeiten

B. P. Wenn es nicht mehr die eine und für alle gültige Bedeutung eines Ereignisses und Geschehens gibt, dann verliert das Objektivitätsgebot seine Basis. Denn, um festzustellen, ob eine Aussage wahr oder falsch ist, muß diese Einigung auf die eine Bedeutung zumindest als Möglichkeit gedacht werden können. Was sagen Sie den Journalisten, zu deren Berufsethos die objektive Beschreibung eines Sachverhalts gehört?

𝔥. 𝔉. Dazu eine kleine Geschichte, die ich einmal an der Universität von Stanford erlebt habe. Ich kam dort hin, um vor angehenden Journalisten einen Vortrag zu halten. Als ich das Gebäude der Fakultät betrat, sah ich, daß über der Tür ein Satz geschrieben stand: „Tell it as it is!" – Sage, wie es ist! Ich gehe hinein – und beginne meinen Vortrag mit den Worten: „Meine Damen und Herren, ich habe mit Entzücken diesen Satz entdeckt, aber ich möchte darauf hinweisen, daß er etwas anders lauten müßte. Es muß heißen: „It is as you tell it!" – Es ist, wie Sie es sagen! Die ursprüngliche Formulierung dient lediglich dazu, die Verantwortung für die eigene Berichterstattung loszuwerden, Sie stilisieren sich auf diese Weise zu einem passiven Registrator, einem *Taperecorder*. Ich behaupte dagegen, daß Sie, indem Sie ein Geschehen beobachten, eine Sprache benützen, das erzeugen, was gewesen ist. Kein Mensch weiß, wie es war. Das Gewesene ist allein durch die Erzählungen anderer Menschen rekonstruierbar. Alle Darstellungen der Vergangenheit sind Erfindungen von Leuten, die über die Vergangenheit sprechen."

B. P. Dieser Auffassung würde die Mehrheit der Journalisten, das zeigen Umfragen, widersprechen. So schreibt Klaus Bresser, Chefredakteur des Zweiten Deutschen Fernsehens: „Journalisten haben zu berichten, was ist. Sie haben Wahres vom Falschen, die Spreu vom Weizen zu trennen."

H. F. Nun, dieser gute Mann bestimmt eben, was Spreu ist und was als Weizen zu gelten hat. Sein Weizen wird vermittelt und vermarktet, das, was er für Spreu hält, schmeißt er weg. Für seinen Kollegen mag diese Unterscheidung von Berichtenswertem und jenen Ereignissen, die sich vernachlässigen lassen, schon ganz anders aussehen. Denkbar ist, daß ihm die Spreu als Weizen erscheint.

B. P. Aber die Einschätzung des Wirklichen ist doch nicht willkürlich.

H. F. Alles, was gesagt wird, ist durch eine *kognitive Maschine* hindurchgegangen, die dann mit Geräuschen, die aus dem Mund kommen, oder Kratzspuren, die auf einem Papier stehen, eine Welt generiert. Und diese Welt erzeugt ein anderer, der hört, sieht oder liest, wieder für sich und auf seine Weise. Wer ist im Besitz der Wahrheit? Läßt der liebe Gott eine schriftliche Botschaft über den Himmel laufen, die diese Frage entscheidet? Wer weiß schon, wie es wirklich war? – Niemand, würde ich sagen, niemand. Was sich feststellen läßt, ist, daß die seriöse *New York Times* andere Berichte druckt als das fürchterliche Skandalblatt *National Enquirer*, das ist alles. Wir haben doch nur, so würde ich sagen, Bilder, die wir mit Bildern vergleichen können, wir können uns entscheiden, welchem der Berichte und welchem Foto wir eher glauben möchten. Ich persönlich würde mich eher an die *New York Times* halten. Die Fotos und Texte des *National Enquirer*, die stets von Sex und Mord handeln, stoßen mich dagegen ab.

B. P. Behaupten Sie, daß auch Fotos nicht *die Wirklichkeit* abbilden?

H. F. Ich möchte diese Frage mit einem kleinen Witz beantworten. Da besucht ein reicher amerikanischer Reisender, der genug Geld hat, um ein Gemälde zu kaufen, Picasso in seinem Schloß; Picasso ist entzückt, führt ihn herum, zeigt ihm seine Bilder. Schließlich sagt der Amerikaner: „Lieber Herr Picasso, warum malen Sie die Menschen nicht so, wie sie sind?" Und Picasso fragt nach: „Wie soll ich das machen? Wie geht das? Wie sind die Menschen? Können Sie mir ein Beispiel geben?" Da zückt der Amerikaner seine Brieftasche, nimmt ein kleines Foto heraus – und sagt: „Hier sehen Sie meine Frau, wie sie ist." Fasziniert nimmt Picasso das Bild in die Hand, dreht es herum und meint: „Aha, das ist Ihre Frau. So klein ist sie. Und so flach!"

III. Kybernetik

Das fundamentale Prinzip: Zirkularität

B. P. Wer in der wissenschaftlichen Literatur nach Ihrem Namen sucht, der findet Belege, wenn es um Kognition und Konstruktivismus, Theorien des Gedächtnisses und den Begriff der Selbstorganisation geht. Aber am bekanntesten sind Sie wohl als Kybernetiker. Zuerst: Wie könnte eine Definition des Begriffs Kybernetik aussehen? Was ist Kybernetik?

H. F. Die Suche nach einer Definition freut mich nicht besonders, da auf diese Weise stets eine konzeptionelle Grenze ins Leben gerufen wird. Sie könnten mich auch fragen: Was ist ein Tisch? Und meine Antwort wäre: Ein Tisch hat vier Beine und einen flachen Deckel, auf den Kinder draufspringen können. Jetzt müssen wir klären, was der Unterschied zwischen einem Tisch, einem Pony und einem Pferd ist. Und schließlich wird es notwendig, über den Unterschied von lebenden Wesen und nichtlebenden Entitäten zu sprechen. Das haben wir nun davon. Für mich hat jede Definition eine grundsätzliche Schwäche: Sie schließt aus, sie begrenzt.

B. P. Und doch ist es sinnvoll, die Vielfalt der Definitionen, die gegenwärtig kursieren, etwas zu ordnen. Um ein paar Beispiele zu geben: Bei dem Mathematiker Norbert Wiener findet sich der Satz, Kybernetik sei die Wissenschaft von der Regelung und der Nachrichtenübertragung in Lebewesen und Maschinen. Der Unternehmens- und Managementberater Stafford Beer definierte Kybernetik als die Wissenschaft der Organisation; der Neurophilosoph Warren McCulloch sprach von der Kybernetik als einer Erkenntnistheorie, die sich mit der Erzeugung von Wissen durch Kommunikation befaßt. In einer Erklärung der *American Society for Cybernetics* heißt es: „Cybernetics is a way of thinking, not a collection of facts." Und Gordon Pask schrieb noch allgemeiner: „It might be an art, or a philosophy, a way of life."

H. F. Zuerst möchte ich meiner enormen Freude Ausdruck verleihen, daß in dieser kleinen Sammlung von Bestimmungsversuchen ein so wunderbarer Regenbogen zutage kommt. Das spricht für ein Denken, das die Vielfalt der Zugangsweisen gestattet. Die Breite des Möglichen und diese Lockerheit bilden einen großartigen Stimulus. Es zeigt sich, daß es um eine Haltung geht, die jeder dieser Menschen auf die ihm eigene Weise ausdeutet. Das ist das Faszinierende der Kybernetik: Man fragt ein paar Leute nach einer Definition – und erfährt sehr wenig über Kybernetik, aber eine Menge über den Definierenden, sein Spezialgebiet, seinen Bezug zur Welt, seine Lust, mit Metaphern zu spielen, seine Begeisterung für das Management, sein Interesse an Kommunikations- oder Nachrichtentheorien. Ich lerne auf diese Weise meine Freunde Stafford Beer, Warren McCulloch, Norbert Wiener und Gordon Pask noch etwas genauer kennen. Das ist doch herrlich.

B. P. Gibt es ein verbindendes Prinzip, das all diesen Vorstellungen über die Kybernetik gemeinsam ist?

H. F. Das fundamentale Prinzip kybernetischen Denkens ist, so meine ich, die Idee der Zirkularität. Da beginnt alles, von dort aus muß man weiterdenken, das ist die Basis. Das Prinzip der Zirkularität zeitigt enorme Folgen, wenn man es zu Ende und in die Tiefe denkt und mit erkenntnistheoretischen Fragen verknüpft. Man betritt auf einmal verbotenes Terrain, befaßt sich mit der unter den Logikern verpönten Selbstbezüglichkeit. Allerdings dauerte es seine Zeit, bis man die Konsequenzen zirkulärer Kausalität voll ausgelotet hat. Ich erinnere mich, daß ich einmal darauf hinwies, daß die Zirkularität doch das Wesentliche der Kybernetik sei und daß man dieses Prinzip noch viel fundamentaler untersuchen müßte. Ich schrieb über eine neue Dimensionalität des Argumentierens, die die lineare Kausalität ablöst. Mein Papier, das als ein Vorwort zu den Berichten einer Reihe von wichtigen Kybernetik-Konferenzen gedacht war, schickte man mir zurück und forderte mich auf, doch lieber über das Wasserklosett, den Thermostat und den Maxwellschen Regulator in einer Dampfmaschine zu schreiben. Ich antwortete, daß ich mich nicht besonders für das Wasserklosett interessiere, und der Thermostat macht das Leben angenehm, aber ich finde ihn nicht so schrecklich wichtig.

B. P. Die Beispiele, über die man damals sprach, luden ja auch wirklich nicht zu erkenntnistheoretischen Reflexionen ein: Thermostate, Wasserklosetts und das Steuern von Booten standen im Zentrum. Können Sie trotzdem eines dieser Beispiele herausgreifen, um die Zirkularität zu erläutern?

H. F. Am besten sprechen wir über das Steuern eines Bootes, da der Begriff Kybernetik, den Norbert Wiener prägte und im Jahre 1948 zum Titel seines Buches machte, auf das griechische Wort für Steuermann *(kybernetes)* zurückgeht, das im Lateinischen zum *gubernator* und im Englischen zum *governor* wird. Ein amerikanischer Gouverneur müßte eigentlich, folgt man der Wortgeschichte, ein Kybernetiker sein. Aber zurück zu unserem Beispiel: Was macht ein Steuermann, der sein Schiff sicher in den Hafen hineinmanövrieren möchte? Er absolviert kein ein für allemal festgelegtes Programm, sondern er variiert dies permanent. Wenn das Boot vom Kurs und seinem Ziel nach links abweicht, weil der Wind so stark bläst, schätzt er diese Kursabweichung ein, so daß er weiterhin auf den Hafen zufährt. Er versucht, den Fehler zu korrigieren. Und vielleicht steuert er etwas zu stark gegen. Das Ergebnis ist womöglich eine Kursabweichung nach rechts – und die Notwendigkeit, erneut gegenzusteuern. In jedem Moment wird die Abweichung in Relation zu dem ins Auge gefaßten Ziel, dem Telos, das zum Beispiel ein Hafen sein kann, korrigiert. Das Betätigen des Steuers, eine Ursache, erzeugt also eine Wirkung; das ist die Kurskorrektur. Und diese Wirkung wird wieder zu einer Ursache, denn man stellt eine neue Kursabweichung fest. Und diese erzeugt ihrerseits eine Wirkung, nämlich wiederum eine Kurskorrektur. Solche Steuerungsvorgänge sind ein wunderbares Beispiel zirkulärer Kausalität.

B. P. Was hier passiert, ist im Grunde genommen ein Prozeß der Informationsauswertung, der jeweils das eigene Verhalten verändert. Man bemerkt eine Kursabweichung und handelt entsprechend, indem man gegensteuert.

H. F. Die frühen Kybernetiker – Norbert Wiener, Claude Shannon, Warren Weaver, Ross Ashby – haben genau diesen Aspekt immer wieder betont. Sie machten deutlich, daß beispielsweise der Steuermann seinem motorischen System „mitteilen" muß, wie und in welchem Ausmaß es das Steuer bewegen soll. Und diese Mitteilung über die Art und Weise der Bewegung im Verhältnis zu einem bestimmten Ziel kann man als einen Vorgang der Informationsauswertung begreifen.

Menschen und Maschinen

B. P. Ausgehend von dieser Illustration des Begriffs ließe sich über mögliche Anwendungen reden und die Verwendung dieser Einsichten beim Bau von Kühlschränken, Thermostaten oder Flugabwehrraketen, die ja alle, um ein bestimmtes Ziel – eine bestimmte Temperatur, ein feindliches Objekt – zu erreichen, mit derartigen zirkulärkausalen Steuerungsmechanismen arbeiten. Das wäre die praktische und teilweise auch martialische Nutzbarmachung zirkulärer Kausalität. Aber ich möchte gerne einen anderen thematischen Strang verfolgen, der eher theoretischer oder epistemologischer Natur ist und stärker mit Ihrer Arbeit zu tun hat. Mich interessiert, wie auf der Basis dieser und anderer Konzepte unter den Kybernetikern die Vorstellung aufkam, das Lebendige selbst, den Menschen und sein Gehirn, entschlüsseln und verstehen zu können.

H. F. Dazu muß man wissen, daß das Studium zirkulär kausaler Prozesse das Konzept der Teleologie für die frühen Kybernetiker interessant gemacht hat. Man stellte sich die Frage: Was macht man, um an ein Ziel zu kommen? Wie geschieht das? Wie lassen sich Maschinen bauen, die auf ein Ziel zusteuern? Können wir mit Hilfe dieser Einsichten lebende Wesen besser verstehen? Norbert Wiener, Arturo Rosenblueth und Julian Bigelow haben im Jahre 1943 das Konzept der Teleologie, das aus dem Mittelalter stammt, wieder in die Wissenschaft eingeführt. Der von ihnen verfaßte Artikel hieß: *Behavior, Purpose, and Teleology*. In einer kritischen Analyse des damaligen En-vogue-Begriffs von Verhalten, der sich ausschließlich mit der Beziehung eines „Outputs" zu einem „Input" beschäftigte, bemerkten sie, daß diese enge Definition den handelnden Organismus, seine spezifische Struktur und seine innere Organisation, die eben diese Beziehung erwirkt, völlig ignoriert. Und man analysierte damals auch in einem anderen Zusammenhang einen Frosch – und wies auf die Beobachtung hin, daß dieser sich im Wesentlichen auf ein Ziel, ein Telos, zubewegt, um beispielsweise eine Fliege zu fangen. Es war die Fokussierung auf das Phänomen der Zielstrebigkeit, die lebende und technische Systeme ähnlich erscheinen ließ.

B. P. Das bedeutet, wenn ich richtig verstehe, zweierlei. Das Studium teleologischer Prozesse ließ, erstens, das Phänomen zirkulärer Kausalität offenbar werden: Um an ein Ziel zu kommen, müssen immer wieder einzelne Verhaltensweisen und Handlungen korrigiert werden; eigene Handlungen werden somit zur Ursache eigener Handlungen. Die Idee der Teleologie hat es aber auch – und das ist der zweite wichtige Schritt – möglich gemacht, eine eventuelle Gemeinsamkeit zwischen lebenden und nichtlebenden Systemen zu entdecken.

H. F. Was man zunächst entdeckte, war eine technische Sprache, die sich benutzen ließ, um die Operationen lebender Wesen zu erklären. Bitte erinnern Sie sich, daß ich eine Erklärung als eine semantische Brücke beschrieben habe, die zwei Beobachtungen miteinander verknüpft. Sie ist ein Phänomen der Sprache. Man stellte die Frage: Wieso hüpft der Frosch an einen bestimmten Ort? Und fand die Antwort: *Weil* er die Fliege, die sich an diesem Ort befindet, fressen will. Was geschah, war, daß man eine semantische Relation konstruierte, die der *Causa finalis* des Aristoteles ähnelt: Die Ursache liegt in der Zukunft, die Handlung in der Gegenwart. Das Hüpfen des Frosches erschien als sein Versuch, ein bestimmtes Ziel zu erreichen.

B. P. Gab es weitere Arbeiten oder Denkansätze, die lebende Wesen und Maschinen in den Vorstellungen der frühen Kybernetiker ähnlich erscheinen ließen?

H. F. Im Jahre 1943 veröffentlichten der Neurophilosoph Warren McCulloch und ein junger brillianter Mathematiker, Walter Pitts, eine Arbeit, die von entscheidender Bedeutung war. Sie trug den Titel *A logical calculus of the ideas immanent in nervous activity* und handelte von der Funktionsweise und Impulsaufnahme und -weitergabe von Neuronen. McCulloch und Pitts zeigten, daß eine einzelne Nervenzelle die merkwürdige Eigenschaft besitzt, daß sie, wenn ein Reiz sie erreicht, entweder reagiert oder nicht reagiert, aber nichts tut, was zwischen Reaktion und Nichtreaktion liegt. Sie feuert oder sie feuert nicht, schickt über das Axon einen elektrischen Impuls oder schickt eben keinen Impuls. Wenn dieser elektrische Impuls nun eine zweite Zelle erreicht und wenn diese Zelle womöglich noch von anderen Zellen Impulse bekommt, dann entstehen merkwürdige Kombinationen. Und wieder gilt: Diese zweite Zelle, die von verschiedenen anderen Zellen Impulse bekommt, feuert oder feuert nicht. McCulloch und Pitts haben gesehen, daß sich diese Aktivität einer Zelle als die Errechnung einer logischen Funktion begreifen läßt, die da lautet: *Ja* oder *Nein, Feuern* oder *Nichtfeuern.* Vor dem Hintergrund dieser Überlegungen wurde es schließlich möglich, sich Nervennetze vorzustellen, die alle logischen Funktionen errechnen. Und dann begann man, weiter über diese Nervennetze zu spekulieren, die doch eigentlich, so glaubte man, in der Lage seien, über die Gültigkeit oder Nichtgültigkeit eines Satzes zu entscheiden. Man gibt einen Satz in ein Nervennetz hinein – das letzte Neuron, das von dem Impuls dieses Satzes erreicht wird, feuert nicht: Der Satz ist also falsch! Oder es feuert: Der Satz ist also wahr! Das Nervensystem läßt sich, ausgehend von diesen Annahmen, als eine Art Rechner interpretieren, der ein logisches Kalkül durchführt. Und ein Neuron erscheint aus dieser Perspektive als ein Operator, der solche logischen Funktionen berechnet. Diese faszinierenden Ideen und phantastischen mathematischen Gebilde gestatteten es schließlich, künstliche neuronale Netzwerke zu bauen.

Die Computermetapher des Geistes

B. P. Wieso war diese Arbeit so wichtig? Schien es auf diese Weise möglich, die Aktivitäten des Gehirns, das ja auch Sätze und Aussagen verarbeitet und bewertet, technisch zu rekonstruieren?

H. F. Natürlich. Denn das Gehirn besteht ja aus Neuronen, die über die Synapsen und die Axone miteinander gekoppelt sind. Ein solches Nervennetz läßt sich dann als ein Rechner verstehen, der

Induktionen und Deduktionen gewisser Aussagen und Beobachtungen durchführt. Aber zurück zur Geschichte: Es war der berühmte Mathematiker John von Neumann, der diese Arbeit von McCulloch und Pitts zum Bau von Computern verwendete. Er zeigte, daß die Turing-Maschine und das neuronale Netz, dessen Funktionsweise McCulloch und Pitts skizziert hatten, äquivalente Operatoren darstellen. Auf diese Weise kam schließlich die Computermetapher ins Spiel, die noch heute in der kognitionswissenschaftlichen Forschung prägend ist: Man glaubte, die neuronalen Strukturen, aus denen das Gehirn besteht, nachzubilden, indem man einen Elementarcomputer schuf, der auf den Einsichten von McCulloch und Pitts basierte. Der Bau von Computern, die vermeintlich nach den Prinzipien der Neuronen funktionierten, gestattete schließlich den Rückschluß: Das Gehirn erschien als ein gewaltiger Parallelcomputer.

B. P. John von Neumann sprach sogar vom Bau künstlicher Gehirne und wies immer wieder auf die Ähnlichkeit hin, die zwischen den Schaltelementen in Rechensystemen und den Neuronen bestünde.

H. F. Korrekt. Allerdings betrieben nicht allein und ausschließlich die frühen Kybernetiker diese Parallelisierung von Mensch und Maschine oder von Gehirn und Computer; auch die Journalisten haben an der Verbreitung dieser Analogien ihren ganz gewaltigen Anteil. Es klang einfach aufregend, wenn man schreiben konnte: Das Gehirn funktioniert wie eine Maschine, ja, schlimmer noch, es ist *nichts anderes als* eine Maschine. Und dann die etwas unheimliche Umkehrung dieser Analogie: Diese Maschine arbeitet wie das menschliche Gehirn. Natürlich ist es durchaus verständlich, daß man die Fähigkeiten des eigenen Körpers auf etwas anderes projiziert, das kommt häufig vor. In diesem Sinne spricht man von Beinen und Gelenken bei Möbeln und Maschinen. Und so wollten in den vierziger Jahren einige Autoren die schnellen Rechner durch eine sprachliche Verkleidung und bestimmte Metaphern verständlich machen. Sie schrieben über das „elektronische Gehirn" und das „Gedächtnis der Maschinen". Obwohl niemand wußte und weiß, wie das Gehirn oder das Gedächtnis funktionieren, erschien es irgendwie witzig und unterhaltend, eine Undurchsichtigkeit durch eine andere zu erklären.

B. P. In welcher Hinsicht sind derartige Analogien und Metaphern legitim und sinnvoll?

H. F. Es ist durchaus möglich, eine Operation, die das Gehirn durchführt, mit Hilfe eines maschinellen Mechanismus zu charakterisieren. Das ist in Ordnung. Natürlich kann ich metaphorisch sagen, daß das Gehirn, wenn mir kalt ist, den Wärmeknopf aufdreht. Und daß der Thermostat entsprechend eine bestimmte Außentemperatur erfühlt – und ebenso eine Art Wärmeknopf betätigt. Selbstverständlich ist es legitim, ein Phänomen oder eine Gruppe von Phänomenen mit Hilfe einer Metapher zu beschreiben, wobei man natürlich immer im Bewußtsein behalten sollte, daß jede Beschreibung formaler, mathematischer, quantitativer oder auch poetischer Natur immer nur einen Vergleich darstellt. Wenn man aber die metaphorische Beziehung umkehrt und sagt: So wie diese Maschine, so funktioniert auch das Gehirn, dann wird es gefährlich; man glaubt, das Gehirn zu verstehen, weil man den maschinellen Mechanismus begriffen hat, von dem man ausgeht. Man meint, das Gedächtnis zu begreifen, wenn man es als einen Speichermechanismus metaphorisiert – und beginnt vielleicht nach dem Ort zu suchen, an dem eine bestimmte Information „gespeichert“ sein soll. Die Folge ist: Blindheit gegenüber dem Wunder des Gehirns. Mir ist diese Gefahr schon ziemlich früh bewußt geworden, und ich habe daher immer wieder derartige Metaphern und Analogien kritisiert. Aber man hat mir nicht zugehört; ich sprach ins Leere.

B. P. Man muß sich vergegenwärtigen, daß eine Metapher in ein bildspendendes und ein bildempfangendes Element zerfällt. Wenn ich sage, das Gehirn sei eine Maschine, so sind unsere Vorstellungen von einer Maschine bildspendend. Das bildempfangende Element ist das Gehirn. Wenn ich dagegen behaupte, eine bestimmte Maschine funktioniere wie ein Gehirn, dann ist die Maschine Bildempfänger und das Gehirn Bildspender. Das heißt: Im Falle der metaphorischen Beziehung von Gehirn und Maschine hat einmal das Gehirn das Primat und einmal die Maschine, deren Merkmale auf das Hirn übertragen werden.

H. F. Das kann man so sagen, ja. Was mir zentral erscheint, ist, daß ein Computer oder eine beliebige Maschine synthetisch hergestellt sind: Sie sind von uns gebaut worden und wir wissen daher auch, wie sie funktionieren. Und wenn man von der Funktionsweise einer solchen Maschine auf das Gehirn oder den Menschen zurückschließt, dann entsteht fälschlicherweise die Idee, man habe jetzt auch das Gehirn und den Menschen verstanden. Das ist das Problem: Man schließt von etwas, das bekannt und verstanden ist, auf etwas Unbekanntes und Unverstandenes – und meint daher leichtsinnigerweise, man habe auch dies begriffen. Übersehen wird, daß es Systeme gibt, die prinzipiell nicht analysierbar sind. Wer das einmal verstanden hat, dem werden diese ganzen Metaphern suspekt.

B. P. Von der Behauptung, man könne den menschlichen Geist entschlüsseln, ihn schon in naher Zukunft ganz und gar verstehen, ist ja auch die Künstliche Intelligenz und die Roboterforschung, die in vielem auf der Kybernetik aufbaut, infiziert. Der Mensch wird hier – im Rahmen einer von der Maschinen-Metapher bestimmten Vorstellung – als „informationsverarbeitendes System" wahrgenommen; der Vorgang des Denkens erscheint als „Datenverarbeitung", und das Gehirn hat der große Star der Künstlichen Intelligenz, Marvin Minsky, einmal als „Fleischmaschine" bezeichnet.

H. F. Diese Äußerungen zeigen die suggestive Kraft solcher Metaphern: Sie haben, wie man sieht, ihre beschreibende Funktion eingebüßt und sich verselbständigt. Was hier entsteht, ist eine groteske Anbetung der Maschine. Und derartige Bilder und Ideen motivieren zu bestimmten Schritten. So bekamen die Neurophysiologen zu einer bestimmten Zeit sehr viel Geld von den verschiedensten Stiftungen, um im Zellgewebe des Gehirns nach *Engrammen* zu suchen: Das sollten Erfahrungen sein, die ein Mensch zu einer Zeit seines Lebens gemacht und ab diesem Augenblick, folgt man der Metapher, in seinem Gedächtnis gespeichert hat. Die Frage war: Wo ist das Wörtchen *und?* Wo befindet sich die Erinnerung an meine Großmutter oder an das Schnitzel, das ich heute gegessen habe? Die Suche nach den Engrammen war und ist erfolglos geblieben. Die Erinnerung ist nicht an einer besonderen Stelle des Gehirns lokalisierbar. Aber ich meine trotzdem, daß solche Vorstellungen und Metaphern gefährlich sind. Sie verführen zu einer trivialisierenden Betrachtung, sie lassen bestimmte Schritte als möglich erscheinen, die vielleicht dem Wunder des Menschen überhaupt nicht angemessen sind.

B. P. Diese trivialisierende Metaphorik, über die wir sprechen, läßt sich auch erkenntnistheoretisch deuten: Sie ist der sprachliche Indikator einer bestimmten erkenntnistheoretischen Position, eines mechanistischen und im Grunde genommen naiv-realistischen Denkstils. Man geht immer von der vollständigen Durchschaubarkeit und der Nachbildbarkeit eines Phänomens aus, wenn man das menschliche Gehirn als Maschine bzw. als einen Computer begreift oder das Gedächtnis als einen Speicher, der Informationen enthält.

H. F. Der Irrtum dieser glänzenden und hochbegabten Männer war es zu glauben, man bekomme immer bessere Modelle, um das Gehirn zu verstehen. Aber was hier übersehen wurde, war, daß man ein Gehirn braucht, um ein Gehirn zu verstehen und Modelle von ihm zu entwickeln. Eigentlich muß man sich selbst erklären und verstehen, um das Gehirn zu begreifen. Die Struktur der Theorie, die ich meine, muß den Anspruch erfüllen, sich selbst zu beschreiben: Das ist, symbolisch gesprochen, der Ouroboros, die Schlange, die sich in den Schwanz beißt. Auch hier kommt wieder das Phänomen der Zirkularität ins Spiel. Und ich habe versucht, als ich mit meinem Koffer europäischer Überlieferung in Amerika ankam und mit den frühen Kybernetikern zusammenarbeitete, darauf aufmerksam zu machen, daß das Konzept der Zirkularität auch in erkenntnistheoretischer Hinsicht fundamental ist und sehr weitgehende Konsequenzen hat.

B. P. Wie sehen diese aus?

H. F. Was entsteht, ist eine vollkommen andere Haltung gegenüber dem, was man erklären will. Man gerät in eine Schleife hinein, die einen mit dem jeweiligen Gegenstand und Objekt der Betrachtung verbindet. Man muß nicht nur das Gehirn eines anderen erklären, sondern auch noch das eigene, mit dem man diese Erklärung ausarbeitet. Auf einmal sprechen die Kybernetiker über sich selbst, auf einmal entsteht eine Kybernetik der Kybernetik oder eine Kybernetik zweiter Ordnung: Die Kybernetik erster Ordnung trennt das Subjekt vom Objekt, sie verweist auf eine vermeintlich unabhängige Welt „da draußen". Die Kybernetik zweiter Ordnung oder die Kybernetik der Kybernetik ist selbst zirkulär: Man lernt sich als einen Teil der Welt zu verstehen, die man beobachten will. Die gesamte Situation der Beschreibung rutscht in einen anderen Bereich, in dem man plötzlich für seine eigenen Beobachtungen die Verantwortung übernehmen muß.

B. P. Es waren Ihre Überlegungen, die den Beobachter in die Kybernetik eingeführt und den Abschied von den naiv-realistischen und mechanistischen Positionen eingeleitet haben.

H. F. Entscheidend ist, daß sich die gesamte Sprache in der Kybernetik zweiter Ordnung ändert; die Referenzen auf eine beobachterunabhängige Welt werden durch die Verweise auf die eigene Person ersetzt. Die Beschreibungen erscheinen immer auch als Selbstbeschreibungen. Aber es ist nicht nur die Sprache, die eine andere wird. Auch die Reflexion über den Sinn und Zweck der Beobachtungen, die man – warum auch immer – anstellt, gewinnen eine andere Dimension; man beginnt, sich darüber klar zu werden, warum man eigentlich etwas wissen oder erfahren will. Ein Erkenntnistheoretiker, der sich mit dem Problem der Kognition befaßt, stellt sich aus einer Perspektive der zweiten Ordnung immer auch die Frage, was denn das Erkennen des Erkennens bringt, welchen Sinn die Versuche haben, den Vorgang der Kognition zu erhellen. Er rechtfertigt die Erkenntnistheorie erkenntnistheoretisch. Auch die Vorstellung, die wir von einem Experiment besitzen, wird aus der Perspektive der zweiten Ordnung eine andere: Man versteht, daß die Frage, die man stellt, schon die mögliche Antwort enthält, die man bekommen kann.

B. P. Natürlich läßt sich von einer Kybernetik der Kybernetik sprechen oder von einer Kybernetik zweiter Ordnung, um jeweils die Beobachterabhängigkeit allen Erkennens sprachlich zu signalisieren. Diese Begriffe gelten allerdings inbesondere für die Disziplin der Kybernetik, das ist ihr Bezugsort. Aber der Gedanke von der Beobachterabhängigkeit jeder Aussage ist natürlich viel allgemeinerer Natur: Immer gibt es die Verbindung von Subjekt und Objekt, diese enge Beziehung.

H. F. Das ist klar; entsprechend kann man Begriffe erster und zweiter Ordnung unterscheiden. Die Begriffe erster Ordnung basieren auf einer scheinbar objektiven Betrachtung der Welt, die zu einem Äußeren wird. Die Begriffe zweiter Ordnung lassen sich auf sich selbst anwenden; sie gestatten die strikte Trennung von Subjekt und Objekt, dem Beobachter und Beobachteten nicht mehr. Man gesteht sich ein, daß jemand, der über Fragen des Bewußtseins oder des Erkennens spricht, ein Bewußtsein und einen Erkennenden benötigt, um dies zu tun. Eine Beobachtung braucht, so wird einem klar, einen Beobachter. Die Wahrnehmung der Welt verlangt nach einem Menschen, der diese wahrnimmt.

Wir sehen nicht, dass wir nicht sehen

B. P. Können Sie den Begriff der zweiten Ordnung an einem Beispiel illustrieren?

H. F. Ja, man denke nur an das Experiment mit dem Blinden Fleck (s. die Abb. 6 und Anleitung). Mit einem Auge fixiert man einen Stern – und der schwarze Punkt, der noch eine gewisse Zeit zu sehen ist, verschwindet in einem bestimmten Abstand vom Auge. Er wird unsichtbar. Die physiologische Erklärung lautet, daß der schwarze Punkt in diesem bestimmten Abstand auf einen Bereich der Retina fällt, an dem sich keine Stäbchen und Zapfen befinden und der optische Nerv das Auge verläßt. Was man aber mit dieser physiologischen Argumentation noch nicht geklärt hat, ist die Frage, warum man den Blinden Fleck nicht sieht und warum wir von seiner Existenz nichts ahnen. Das Gesichtsfeld erscheint uns stets geschlossen; es gibt keine unsichtbaren Stellen. Mit anderen Worten: Wir sehen nicht, daß wir nicht sehen. Wir sind blind gegenüber unserer eigenen Blindheit, das ist ein Beispiel für eine Problematik der zweiten Ordnung. Das Nichtsehen wird auf sich selbst angewendet. Aber: Die doppelte Verneinung (das Nichtsehen des Nichtsehens) ergibt keine Bejahung. Daß wir sehen, daß wir nicht sehen, heißt nicht, daß wir jetzt sehen. Und das bedeutet, daß sich die Logik der Begriffe zweiter Ordnung nicht mit der orthodoxen Logik verträgt. Denn demgemäß müßten zwei Verneinungen eigentlich eine Bejahung ergeben.

Abb. 6. Das Experiment mit dem Blinden Fleck: Halten Sie dieses Buch mit der rechten Hand, schließen Sie das linke Auge und fixieren Sie mit dem rechten Auge den Stern. Bewegen Sie dann das Buch langsam entlang der Sehachse vor und zurück, bis der Abstand erreicht ist, bei dem der große schwarze Punkt verschwindet. Wenn der Stern gut fixiert wird, bleibt der Punkt unsichtbar, auch wenn Sie das Buch parallel zu sich selbst nach rechts oder links, nach oben oder unten bewegen.

B. P. Der Begriff der zweiten Ordnung wird in dem Beispiel, das Sie gewählt haben, ex negativo erläutert. Es handelt sich hier um ein Selbstanwendungsproblem aus der Perspektive der Verneinung. Wir sehen *nicht,* daß wir *nicht* sehen.

H. F. Völlig richtig. Natürlich läßt sich auch eine Illustration ex positivo finden. Man denke nur an den Begriff des Zwecks oder Ziels im aristotelischen Sinn. Aus der Perspektive der zweiten Ordnung lautet die Frage: Was ist das Ziel des Ziels? Was ist der Zweck des Zwecks? Warum wird die Idee eines Zwecks überhaupt eingeführt? Wenn ich mit dem Flugzeug unterwegs bin, beobachte ich immer wieder meine Sitznachbarn und sehe mir an, wie sie ihre Schuhe zuschnüren. Wenn das Flugzeug losfliegt, ziehen sich die Leute ihre Schuhe aus. Wenn wir uns dem Ziel nähern, ziehen sie sie wieder an. Sie fädeln die Schuhbänder durch die Löcher und vollführen einen merkwürdigen Tanz mit zehn Fingern: Sie kreieren eine Schleife. Die Beobachtung meiner Sitznachbarn hat ergeben, daß sie alle verschieden tanzen, daß jeder Mensch andere Fingerbewegungen vollzieht, um eine Schleife zu binden. Ein Physiker würde nun eine Differentialgleichung der Fingerbewegungen aufschreiben, lauter verschiedene Gleichungen erhalten – und daher das Phänomen des Fingertanzes für unerklärbar halten. Aus einer teleologischen Sicht ist der Tanz der Finger ganz einfach zu erklären: Er dient dazu, eine Schleife zu binden und den Schuh zuzuknüpfen. Die Idee des Zwecks hat hier – aus einer Perspektive der zweiten Ordnung betrachtet – eine enorme Vereinfachung und Eindeutigkeit der Erklärungen geschaffen. Das ist der Zweck des Zwecks.

B. P. Die Begriffe erster Ordnung sind also auf der Ebene des noch nicht erkenntnistheoretisch reflektierten Wahrnehmens und Handelns anzusiedeln. Die Begriffe zweiter Ordnung lassen die erkenntnistheoretische Dimension hinzutreten – und machen die besonderen Interessen eines Beobachters sichtbar, der beispielsweise den Begriff des Zwecks verwendet. Gemeinsam könnten wir jetzt die Abstraktionsleiter noch eine Stufe weiter hinaufklettern und uns aus der Perspektive einer dritten Ordnung die Frage stellen: Was bringen die Begriffe zweiter Ordnung? Was kann man auf dieser Ebene beobachten?

H. F. Sie haben die Antwort schon angedeutet. Die Begriffe zweiter Ordnung entbergen Einsichten in den Prozeß des Beobachtens, die auf der Ebene der ersten Ordnung gar nicht möglich sind. Auf dieser Ebene handelt man einfach, verwendet bestimmte Konzepte, Vorannahmen und Theorien, die nicht reflektiert werden. Erst auf der Ebene der zweiten Ordnung entsteht die Möglichkeit der Selbstreflexion. Nichts ist mehr einfach da, nichts ist mehr selbstverständlich. Entscheidend ist, daß der Beobachter für seine Beobachtungen, sein Sprechen und sein Handeln verantwortlich wird. Er ist untrennbar mit dem Gegenstand und Objekt seiner Beschreibung verbunden. Der epistemologische und der logische Bereich der eigenen Aussagen gelangt in eine neue Dimension.

Alle Kreter lügen

B. P. Das liegt wohl daran, daß die Beschreibungen der zweiten Ordnung immer auch selbstbezüglich sind. Und wenn man selbstbezügliche Aussagen auf das Gebiet der klassischen aristotelischen Logik überträgt, entstehen Paradoxa.

H. F. Ja, denken Sie nur an Epimenides, der von der Insel Kreta kam und sagte: „Ich bin ein Kreter. Alle Kreter lügen." Man kann diesen Satz verkürzen: „Ich bin ein Lügner!" Was macht man mit einem Menschen, der sagt: „Ich bin ein Lügner"?! Glaubt man ihm? Dann kann er ja kein Lügner sein, also hat er die Wahrheit gesprochen. Wenn er die Wahrheit gesprochen hat, dann hat er aber gelogen, denn er sagt: „Ich bin ein Lügner." Was Logiker seit jener Zeit und bis gestern auf die Palme gebracht hat, ist, daß die Aussage des Epimenides der aristotelischen Forderung – „ein sinnvoller Satz muß entweder wahr oder falsch sein" – nicht genügt. Der Satz wird falsch, wenn man ihn für wahr hält, und wahr, wenn man ihn für falsch hält.

B. P. Die Verwirrungsversuche des Epimenides haben etwas Sinnloses. Man weiß nie, ob dieser Kreter die Wahrheit sagt oder ob er lügt.

H. F. Vorsicht! Was sich feststellen läßt, ist, daß selbstbezügliche Aussagen in dieser Weise charakterisiert wurden: Man hat behauptet, sie seien sinnlos. Denn sie zwingen einen, so das Argument, ständig von einem Ja zu einem Nein, von einem Nein zu einem Ja überzugehen. Man erinnere sich nur an das berühmte Paradox mit dem Barbier, der in einer kleinen Stadt lebt und alle Menschen rasiert, die sich nicht selbst rasieren. Rasiert sich der Barbier selbst? Wenn er sich selbst rasiert, dann darf er sich nicht rasieren, denn er rasiert ja nur jene Menschen, die sich nicht selbst rasieren. Und wenn er sich nicht rasiert, dann muß er sich rasieren, da er jene Menschen rasiert, die sich nicht selbst rasieren. Schon im Vorwort der *Principia Mathematica*, die Bertrand Russell und Albert North Whitehead verfaßt haben, werden selbstbezügliche Aussagen dieser Art gewissermaßen verboten. Es ist diesen hervorragenden Logikern durchaus klar, daß es die Selbstbezüglichkeit sein muß, die das merkwürdige Paradoxon erzeugt. Das heißt, daß genaugenommen schon das Wörtchen *Ich*, das ja stets diese Selbstbezüglichkeit etabliert, nicht mehr verwendet werden dürfte. Das ist natürlich grotesk.

B. P. Wie gehen Sie in Ihren eigenen Arbeiten mit der Dimension der Selbstbezüglichkeit um?

H. F. Sie wird in den Begriffen der zweiten Ordnung nicht negiert, sondern akzeptiert. Die Akzeptanz der Selbstbezüglichkeit geschieht jedoch nicht auf der Basis irgendeiner ontologischen Idee, sondern auf der Grundlage einer ausgesprochen dynamischen Konzeption: Die klassische Logik geht vom Sein aus. Eine Aussage *ist* entweder wahr oder falsch. Die Akzeptanz des Paradoxons, für die ich plädiere, führt die Dynamik der Zustände wieder ein. Man redet nicht mehr vom Sein eines Zustandes, sondern vom Werden, integriert die zeitliche Dimension. Es entsteht ein Flip-Flop-Mechanismus: Das Ja generiert das Nein, das Nein generiert das Ja. Die Wahrheit einer Aussage erzeugt die Falschheit; und die Falschheit erzeugt die Wahrheit.

B. P. Mir ist noch nicht klar, welche logischen Formalismen Sie verwenden, um die Selbstbezüglichkeit zu integrieren.

H. F. Eines Tages wurde in der Geschichte der Menschheit eine nichteuklidische Geometrie erfunden. Und in ähnlicher Weise hat sich vor einiger Zeit eine nichtaristotelische Logik entwickelt, in der es heute diverse Richtungen gibt. Die verschiedensten Autoren haben immer wieder darauf hingewiesen, daß das Paradoxon nicht diese fürchterliche Todespille der Logik darstellt, sondern daß es durchaus eine Bereicherung sein kann, um über selbstreferentielle Begriffe – Zweck, Bewußtsein, Erkenntnis – zu sprechen. Man denke nur an die Arbeiten des Philosophen Gotthard Günther, der mit einer Art mehrwertiger Logik, die „place-value-logic" genannt wird, die zweiwertige Logik transzendiert und auf unerhörte Weise bereichert hat. Günther untersucht das Erscheinen eines Satzes, seinen logischen Platz. Und es entsteht eine neue Art von Logik, die das Äußern eines Satzes erlaubt oder nicht erlaubt und für die es daher gar kein Problem ist, mit den Paradoxa fertigzuwerden. Verwiesen sei auch auf die paradoxale Logik, die George Spencer Brown in seinem Buch *Laws of Form* präsentiert. Spencer Brown stellte die Entstehung dieser neuen Dimension, die jeweils gerade das Gegenteil von dem erzeugt, was sie soeben generiert hat, zum ersten Mal formal dar. Es geht nicht um etwas Statisches, sondern um ein dynamisches Eigenverhalten. Auch die Arbeiten von Lars Löfgren möchte ich nennen, er befaßte sich ausschließlich mit selbstreferentiellen Propositionen und sprach von *Autologik.*

B. P. Können Sie ein Beispiel geben für eine solche autologische Aussage?

H. F. Nehmen Sie nur die Frage: Was ist Sprache? In dem Moment, in dem man diese Frage stellt, wird Sprache erzeugt. Sprache läßt sich nicht ontologisch und mit dem Hinweis auf irgendein merkwürdiges Organ, von dessen Existenz der Linguist Noam Chomsky ausgeht, erklären, sondern nur ontogenetisch. Sprache *ist* nicht, sie geschieht. Die Frage „Was ist Sprache?" beantwortet sich selbst, indem sie ausgesprochen wird. Das ist eine Art logischer Purzelbaum, eine autologische Struktur! Auch hier finden wir wieder das Prinzip der Zirkularität.

B. P. Darf ich zusammenfassen? Sie haben zu Beginn dieses Gesprächs die zirkuläre Kausalität als kybernetisches Grundprinzip beschrieben, auf die Zirkularität allen Erkennens hingewiesen und die Konturen einer Kybernetik der Kybernetik skizziert. Schließlich kam die Frage nach einer neuen Logik auf, die die selbstbezüglichen Aussagen der zweiten Ordnung nicht verbietet, sondern gestattet. Immer ging es darum, die Idee der Zirkularität mit all ihren Konsequenzen zu bedenken.

H. F. Tadellos, das ist ein schöner Schluß unseres Gesprächs über Kybernetik und Zirkularität. Und dieser Schluß ist kein Ende, sondern wieder ein Anfang, der nicht zu einem endgültigen Ende führt, sondern wieder ein Anfang sein kann. Zeit ist immer implizit. Man erinnert sich an Heraklits Ausspruch: „Alles fließt." Dann setzte er manchmal noch hinzu: „Man kann nicht zweimal in denselben Fluß steigen." Meine Paraphrase zu dem ist: „Man kann nicht zweimal in dasselbe Gesicht schauen." Das einmal gesehene Gesicht sieht man nie wieder, es ist – so wie alles andere – für immer vergangen. Aber ich kann zweimal in das Gesicht von Onkel Theobald schauen, denn es ist die Sprache, die den Strom der Zeit anhält. Es existiert keine Statik, es gibt keine Endgültigkeit des Anfangs und des Endes. Diese Purzelbäume, die hier vollführt werden, lassen sich lernen, ja, ich würde sogar sagen: Man kann sie im Moment des Purzelns genießen.

IV. Biographische Exkurse

1. Kindheit und Jugend

Die Wiener Welt

B. P. Von Fichte kennen wir den Satz: „Was für eine Philosophie man hat, hängt davon ab, was für ein Mensch man ist.“ Und man könnte ergänzen: „Was für ein Mensch man ist, hängt davon ab, woher man kommt.“ Ihr Geburtsort ist Wien im Jahre 1911. Wie sind Sie aufgewachsen?

H. F. Das war eine amüsante und aufregende Atmosphäre, in der ich aufwuchs. Die Stadt Wien war um die Jahrhundertwende ein Ort der Künstler, der Kreativen, der Maler, der Architekten und der Baumeister. Gustav Klimt und Egon Schiele lebten hier. Und meine Eltern und Großeltern gehörten zu diesem lebendigen Wiener Milieu. Mein Urgroßvater war ein Architekt, nach dessen Plänen ab dem Jahre 1880 ganz Wien umgebaut wurde; er hat die Ringstraße und den Gürtel als zwei konzentrische Kreise um den Stadtkern angelegt und die Straßen, die wie die Strahlen eines Sterns vom Zentrum an die Peripherie laufen. Mein Großvater arbeitete auch als Architekt, er bebaute die Ringstraße und errichtete zahllose Gebäude, die den Stil der Gotik und Renaissance imitierten.

B. P. In welchem Beruf hat Ihr Vater gearbeitet?

H. F. Er war ein brillanter Zeichner, besaß ein fabelhaftes dreidimensionales Vorstellungsvermögen und wünschte sich sehr, Architekt zu werden; aber dies erlaubte mein Großvater nicht, das käme gar nicht in Frage, meinte er. Denn er selbst habe schon alles in der österreichisch-ungarischen Monarchie gebaut, was zu bauen ist, es bliebe einfach nichts mehr zu tun. Mein Vater wurde unglücklicherweise gezwungen, Elektroningenieur zu werden.

Abb. 7: *„Der Haybach-Verlag in Wien bereitete zur Feier des 150jährigen Geburtstags von Heinrich von Kleist eine Sonderausgabe im Großformat von Michael Kohlhaas vor und beauftragte Erwin Lang, diese Erzählung mit mehreren Holzschnitten zu illustrieren. Ein geeignetes Modell des trotzigen Junkers Wenzel von Tronka entdeckte er in der Gestalt seines Schwagers, meines Vaters Emil von Foerster, der in eine Ritterrüstung gesteckt wurde und hier zu sehen ist."*

B. P. Wie läßt sich die mütterliche Seite Ihrer Verwandtschaft charakterisieren?

H. F. Meine Großmutter, Marie Lang, war eine der ersten in Europa, die für Frauenrechte kämpften, und sie gründete eine internationale Zeitschrift, die hieß *Dokumente der Frauen*. Warum? Die Wurzeln ihres Engagements für die Befreiung der Frauen liegen in der

Schulzeit. Als sie noch in die Schule ging, blieb eines Tages ihre geliebte Lehrerin weg. Niemand wollte darüber sprechen, was mit ihr sei; man druckste herum, gab pflaumenweiche Antworten. Schließlich stellte meine Großmutter – damals noch ein junges, energisches Mädchen – den Ehemann, dem sie zufällig begegnete, zur Rede. Er sagte, sie dürfe nicht mehr kommen, da sie ein Kind erwarte. Und in der Tat, es gab ein Gesetz, das eine Lehrerin, wenn sie schwanger wurde, zwang, den Dienst zu quittieren. Die Kinder könnten ja sonst, so die Befürchtung, zu der Frage verführt werden, woher denn der dicke Bauch kommt. Meine Großmutter beschloß noch als ein Schulkind, dieses Gesetz aus der Welt zu schaffen. Und tatsächlich, da war sie schon über 60, hat sie es kurz nach dem Ende des Ersten Weltkriegs und unter der sozialdemokratischen Regierung in Österreich erreicht, daß dieses Gesetz aufgehoben wurde.

Abb. 8: *„Der Bruder meiner Mutter, Erwin Lang, wurde Maler und Graphiker. Zum 72. Geburtstag seiner Mutter, meiner Großmutter Marie Lang, fertigte er diesen Holzschnitt an."*

B. P. Welche Bedeutung hatte Ihre Großmutter für Sie?

H. F. Sie war sehr wichtig für mich. Als mein Vater gleich zu Beginn des Ersten Weltkrieges in serbische Kriegsgefangenschaft geriet, brachte man mich oft zu ihr. Sie etablierte in ihrem Haus eine Art Salon, zu dem einmal in der Woche Künstler, Sänger, Journalisten und Philosophen aus der ganzen Welt zusammenkamen. Während die Erwachsenen Gespräche führten, saß ich unter dem Tisch (ich hatte dort einen kleinen Platz mit Spielsachen) und oben wurde debattiert, gestritten und gelacht. Ein schönes *Abschnitzel* dieser Treffen ist ein köstliches Kochbuch, das meine Großmutter in ihrem hohem Alter meiner Schwester Erika zu ihrem zehnten Geburtstag schenkte. Was war das für ein Kochbuch? Wenn die Damen bei ihren Versammlungen von hohen politischen Problemen sprachen, war es unvermeidlich, Bemerkungen über die köstlichen Kleinigkeiten zu machen, die meine Großmutter servierte. So kam das Gespräch auch aufs Kochen, und man tauschte Rezepte aus. Meine Großmutter, ein sehr disziplinierter Mensch, notierte diese verschiedenen Vorschläge, schrieb auf, wer sie machte, bei welcher Gelegenheit und an welchem Tag. Sie notierte alles auf kleine Zettel, die in einer Schachtel verstaut wurden. Man muß nun wissen, daß sie ihre alten Tage auf einem wunderschönen Grundbesitz des ältesten ihrer Söhne verbrachte. Und eines Tages zog sie die alten Zettel hervor, ordnete sie, stellte Vorspeisen, Suppen, Fleischspeisen etc. zusammen und gab bei jedem dieser Rezepte den Urheber und die Gelegenheit an. Da findet man, daß Eleonore Duse – zum Tausch für ein Rezept von „Salzburger Nockerln“ – meiner Großmutter ein Rezept für ein herrliches Risotto gab. Ein ausführlicher Index der Speisen und aller Autoren, zu denen Marktfrauen und Zelebritäten gehören, beschließt dieses einzigartige historisch-kulinarische Werk.

Aber nun zu meiner Mutter. Auch sie – eine begabte Zeichnerin und Malerin, die zusammen mit Oskar Kokoschka eine Wiener Kunstschule besucht hatte – führte ein sehr offenes Haus; und hier saß ich unter unserem Klavier, einem riesigen Blüthner, um von dort aus die Erwachsenen zu belauschen. Aber das war nicht alles. Meine Mutter war eine begeisterte Bergsteigerin, die den Sommer oft in den Dolomiten verbrachte. Mit 12 oder 13 Jahren machte ich hier meine ersten Bergtouren. Und mit zwei Freunden musizierte ich in einer Jazz-Combo, spielte oft bis um sechs Uhr in der Früh Saxophon und stürzte dann nach Hause, duschte mich ganz kalt, um pünktlich um acht Uhr und zumindest einigermaßen wach in der Schule zu sein.

Abb. 9: *„Dieses Bild zeigt meine Mutter Lilith, fotografiert von dem damals bekannten Modefotografen von Damaschka. Mein Vater geriet, wie gesagt, gleich zu Beginn des Ersten Weltkriegs in Gefangenschaft. Zu einem der vielen Lager, in dem die sich zurückziehende serbische Armee ihre Gefangenen unterbrachte, gehörte auch ein beschlagnahmtes Schloß. Mein Vater stöberte unter den dort am Boden liegenden alten Zeitschriften, zog eine „Elegante Welt" hervor und entdeckte dieses Bild seiner Frau auf dem Umschlag."*

B. P. Sie haben einmal geschrieben, Sie seien eigentlich „in einem Matriarchat" aufgewachsen.

H. F. Ja, das könnte man so sagen. Ich wuchs in den ersten Jahren unter Frauen auf. Denken Sie nur an meine Tante Grethe Wiesenthal, damals eine berühmte Tänzerin. Sie war mit meinem Onkel Erwin Lang verheiratet. Er zeichnete und entwarf ihre Kostüme. Wie mein Vater, so wurde auch er schon zu Beginn des Ersten Weltkrieges gefangengenommen. Und so kam es, daß meine Mutter für Grete Wiesenthal als eine Art *Costumière* zu arbeiten begann. Damals gab es ja keine Babysitter, und so wurde ich im Alter von vier bis sechs Jahren immer mit ins Theater genommen, saß in den Garderoben der schönen Damen, sah ihnen bei ihren elfengleichen Tänzen auf der Bühne zu, verfolgte sie erneut in die Garderobe, wurde Zeuge der ständigen Verwandlung und Neugeburt ihrer Schönheit im Tanz. Das war wunderbar und einfach märchenhaft. Ich verehrte diese Frauen, die mich, den kleinen Buben, in der Garderobe verhätschelten.

Abb. 10: *„Das ist ein Holzschnitt der zauberhaften Tänzerin Grethe Wiesenthal, der etwa 1912 entstand. Sie war die Frau meines Onkels Erwin und die Mutter meines lieben Vetters Martin, mit dem ich den Großteil meiner Jugend verbracht habe."*

Ludwig Wittgenstein

B. P. Und von einer Seite Ihrer Verwandtschaft tritt der Philosoph Ludwig Wittgenstein in Ihr Leben.

H. F. Er war ein *Nennonkel,* wie man in Wien sagen würde, kein Verwandter, sondern ein guter Bekannter. Meine Mutter und seine Schwester Margarethe – eine sehr reiche junge Frau, die als eine etwas extravagante Person galt – waren gut befreundet. Und manchmal nahm mich meine Mutter, wenn sie die Margarethe besuchte, mit. Es gab immer vorzügliche Schokolade, und einmal kam auch der „Onkel Ludwig" dazu. Ich muß etwa neun Jahre alt gewesen sein, hatte gerade die Aufnahmeprüfung ins Gymnasium geschafft, obwohl ich in der Grundschule in Wien immer der schlechteste Schüler gewesen bin. Onkel Ludwig fragte: „Was willst du denn werden, wenn du erwachsen bist?" – „Ich möchte Naturforscher werden", habe ich geantwortet. Für mich war ein Naturforscher eine ziemlich romantische Mischung aus Fridtjof Nansen und Marie Curie. Und Ludwig Wittgenstein sagte: „Aber da muß man doch sehr viel wissen!" Ich hatte ja gerade diese Prüfung bestanden, also habe ich gesagt: „Aber ich weiß doch sehr viel." Darauf schaut er mich an, lächelt ein bißchen: „Aber du weißt gar nicht, wie recht du hast!" Dieser Satz ist mir nachgegangen, bis heute.

B. P. Was, glauben Sie, hat Ludwig Wittgenstein gemeint?

H. F. Vielleicht meinte er, daß Kinder sehr viele Fertigkeiten und Möglichkeiten besitzen, ohne daß sie sich ihrer bewußt sind. Sie können sprechen und gehen, sie können tanzen und singen, aber das ist ihnen nicht klar. Sie wissen nicht, daß sie wissen. Aber wie auch immer: Später bin ich Wittgenstein dann als Autor des *Tractatus logico-philosophicus* wieder begegnet. Zum Schrecken meiner Familie war ich in einer Zeit meines Lebens hingerissen von diesem Buch und konnte es seitenweise auswendig. Immer wenn irgendein Thema aufkam und ich mit seiner Behandlung unzufrieden war, zitierte ich Wittgenstein: „Nun, Wittgenstein sagt in der Proposition 5 Komma 21 aber etwas ganz anderes. Im *Tractatus* heißt es ..." Alle schüttelten den Kopf: „Wie kann man diesem jungen Menschen helfen?"

B. P. Ich vermute, daß Sie der *Tractatus* vor allem formal und stilistisch beeindruckte, denn auch Sie verwenden gerne die Sentenz und den scheinbar unschuldigen Aphorismus. Aber inhaltlich haben Sie doch, so möchte ich behaupten, wenig Grund, sich für dieses Buch zu begeistern. Denn Wittgenstein vertritt hier ja noch eine realistische Position, er geht von der These aus, daß die Sprache die Strukturen der Welt abbilde. Wahrnehmung ist für ihn keine Konstruktion.

H. F. Das stimmt schon. Wahrscheinlich ist meine Vorliebe für kurze und knappe Formulierungen der frühen Lektüre des *Tractatus* und den aphoristischen Propositionen geschuldet. Diese Methode der Darstellung hat mich beeindruckt, da haben Sie ganz recht. Aber Ihre These, daß es aus meiner Sicht keinen *inhaltlichen* Grund gab und gibt, sich für dieses Buch zu begeistern, teile ich nicht, denn jeder Text gestattet ganz verschiedene Lesarten. Man nehme nur die Annahme, die Welt werde in der Sprache abgebildet und begreife diese Aussage als ein Axiom, das sich umdrehen läßt. Auf diese Weise entsteht der Satz: Die Welt ist ein Abbild der Sprache! Und wenn Ludwig Wittgenstein von der Welt spricht und den Folgen, die die Welt für unsere Wahrnehmung hat, so spreche ich von den Folgen der Wahrnehmung und begreife die Welt als Konsequenz unseres Sprechens und Handelns.

Erfahrungen eines Zauberers

B. P. Gibt es in diesen Tagen Ihrer Kindheit und Jugend besondere Schlüsselerlebnisse, die Sie dazu gebracht haben, Wirklichkeit, ja, die Summe unserer Wahrnehmungen als Konstruktion zu begreifen?

H. F. Dazu muß man wissen, daß Grete Wiesenthal und Erwin Lang einen gemeinsamen Sohn hatten; er hieß Martin. Wir mochten uns wie zwei unzertrennliche Brüder. Und eines Tages haben wir begonnen, uns für die Zauberei zu interessieren und unsere eigenen Kunststücke zu entwickeln.

B. P. Ich verstehe noch nicht: Was haben die Tricks, die ein Zauberer verwendet, mit Erkenntnistheorie zu tun?

H. F. Mir ist schon als Kind klargeworden, daß das Wesen der Zauberei nicht darin besteht, mit doppelten Böden, Spiegeltäuschungen und sogenannten Tricks zu arbeiten. Dem Zauberer gelingt es vielmehr gemeinsam mit dem Publikum, eine wunderbare Welt zu erfinden. Und er weiß ja, wie diese entstanden und zustandegekommen ist.

Abb. 11: *„Man sieht die Zaubernummer ‚Die Chicagoer Billardbälle', vorgeführt von Heinz und Martin. Die Bälle fliegen hier unsichtbar von Hand zu Hand durch die Luft, verschwinden hier, tauchen dort wieder auf."*

B. P. Mir leuchtet die Verbindung von Zauberei und Ihrem Verständnis von Erkenntnis nicht recht ein. Denn der Zauberer ist doch eigentlich – epistemologisch formuliert – ein naiver Realist, dessen Praxis eine *wirkliche Wirklichkeit* voraussetzt: Er kreiert nur Illusionen, von denen er weiß, daß sie nicht wirklich sind. Kaninchen verschwinden, Frauen werden zersägt. Der Zauberer erzeugt etwas, was irreal ist, und erschafft die irrige Vorstellung, es sei real.

H. F. Das ist die Annahme eines Menschen, der nicht weiß, wie man zaubert, und nun verzweifelt nach einer Erklärung sucht. Mich irritiert schon das kleine Wörtchen *nur*. Wieso will man etwas verächtlich machen, indem man sagt, es handele sich *nur* um einen Trick, *nur* um eine Illusion; die Sprache, die Sie gerade verwenden, ist schon mit den Präsuppositionen des Realismus vergiftet: Man meint ganz genau zu wissen, was real und was irreal ist. Natürlich, man glaubt immer, daß der Zauberer etwas versteckt und verheimlicht. Aber das Gegenteil ist richtig. Der gute Magier verbirgt nichts, sondern er macht alles so offensichtlich wie möglich. Er arbeitet ganz langsam. Ihm gelingt es, die Zuschauer aus der Welt ihres Alltags in eine Zauberwelt zu entführen, in der die Wunder noch existieren und gesehen werden können.

B. P. Kann man sagen, daß Ihre Erkenntnistheorie eigentlich keine Theorie ist, sondern eine Erfahrung, eine Praxis? Sie sind, wenn ich richtig weiß, durchaus ein erfolgreicher Zauberer gewesen, waren sogar Mitglied einer Vereinigung von Magiern und Künstlern.

H. F. Das stimmt, ja. Mein Cousin Martin und ich haben uns stets über die Erwachsenen, für die wir gezaubert haben, geärgert. Sie haben unsere Geschicklichkeit oft mit einer etwas herablassenden Begeisterung kommentiert: „Ach, schaut nur her, wie nett die Buben das machen!" Diese Arroganz hat uns wütend gemacht, und wir wollten es den Erwachsenen zeigen. Es gab damals eine internationale Künstler- und Artistenorganisation, in die man nur aufgenommen wurde, wenn man eine ziemlich strenge Prüfung absolvierte. Nach einer Vorauswahl mußten wir als potentielle neue Mitglieder im Wiener Apollo-Theater vor Akrobaten, Magiern und meisterhaften Künstlern eine Vorstellung geben. Wir hatten insgesamt drei Minuten Zeit, um die Jury zu beeindrucken, was uns gelang. Allerdings ist es natürlich etwas schwierig, einen Zauberer zu prüfen; wenn man in der Schule abgefragt wurde, war die Sache klar: Entweder konnte man etwas – ohne Spickzettel. Oder man wurde mit einem Spickzettel erwischt – und bekam eine schlechte Note. Aber wie will man einen Zauberer prüfen?

B. P. Man könnte sagen, daß der Zauberer immer nur im Verhältnis zum anderen gut oder schlecht ist, er braucht die Bezüglichkeit zum Publikum; seine Qualität bemißt sich nach der Begeisterung der Zuschauer.

H. F. Ja; Zaubern ist immer etwas Dialogisches; man erfindet gemeinsam eine Welt. Welche Rolle die Erwartungen der Zuschauer dabei spielen, habe ich einmal selbst erlebt, als ich in Paris ein Varietétheater besuchte: Es hieß Crazy Horse. Ich sah hier den großartigsten Zauberer, dem ich je begegnet bin. Er trat vor sein Publikum, stellte zwei kleine Säulen auf die Bühne; die eine Säule war leer, auf der anderen stand eine Vase mit ein paar Blumen. Er stellte dann auf jede Säule einen Kübel, so daß man die Blumen nicht mehr sehen konnte. Jeder ahnte schon, was geschehen würde: Die Blumen würden von der einen zur anderen Säule hinübergezaubert werden. Aber das geschah nicht; der Zauberer veranstaltete seinen Hokuspokus, hob den Kübel, der auf der Säule ohne die Blumenvase stand. Und es waren keine Blumen und keine Vase zu sehen! Und er nahm den Kübel weg, der die Blumen verdeckte. Und die Blumen waren erneut zu sehen: ein Wunder!

B. P. Er hat mit der Erwartung des Publikums gespielt.

H. F. Und zwar Kunststück für Kunststück. Das war unglaublich. Seidentücher, die verknotet waren, wurden nicht entknotet, sondern wurden verknotet wieder präsentiert. Kaninchen verschwanden nicht, sondern blieben immer sichtbar. Mir hat dieser Mensch klargemacht, daß es immer schon die eigene Erwartung ist, die das Kunststück gelingen läßt. Es wird ein Klima erzeugt, in dem der Zuschauer das Wunder erwartet – und er trägt, bewußt oder unbewußt, viel dazu bei, daß es entsteht und möglich wird. Der gelungene Zauberabend ist im Grunde genommen eine geglückte Begegnung: Gemeinsam entwirft man eine Welt.

2. Kriegsjahre und Nachkriegszeit

Überleben in der Reichshauptstadt

B. P. Sie haben nach der Matura Physik in Wien studiert. Was kam nach dem Studium? Was haben Sie gemacht? Wo gearbeitet?

H. F. Ich arbeitete bei einer Firma in Köln, die Vakuumpumpen entwickelte und verkaufte, als Physiker und mußte eines Tages kurzfristig als Vertreter und Verkäufer einspringen; ich hatte Erfolg bei den Kunden und wurde schließlich als eine Art *Trouble shooter* eingesetzt, den man immer rief, wenn es Schwierigkeiten gab. Nach einiger Zeit wurde mir dieser Job zu blöd; eigentlich bist du ja, so sagte ich mir, Physiker. Ich entschloß mich zu kündigen und ging zurück nach Wien. Dort lernte ich an einem Silvesterabend meine spätere Frau, die Schauspielerin Mai Stürmer, kennen. Wir heirateten im November 1939 und gingen schließlich zusammen nach Berlin: Man hatte mir angeboten, dort im Forschungslaboratorium einer großen Firma zu arbeiten.

B. P. Hitler war zu dieser Zeit schon in Österreich einmarschiert; der Zweite Weltkrieg brach aus.

H. F. Ja. Meine Frau und ich waren damals der Auffassung, daß wir nur in Berlin überleben konnten. In Wien hätte jeder gewußt, daß ich einen jüdischen Großvater habe. Aber in Berlin kannte man meine Familie nicht. Wir liebten Berlin und die Berliner, ihre Frechheit und ihren Witz und Ironie, die ihnen eine gewisse Distanz gegenüber dem diktatorischen Regime und dem ganzen Zirkus eines Adolf Hitler gestattete.

B. P. Wie war es Ihnen möglich, im nationalsozialistischen Machtzentrum, der Reichshauptstadt, Arbeit zu finden und zu überleben?

H. F. Ich habe gelogen, den sogenannten Ariernachweis falsch ausgefüllt. Mein Gedanke war: Die sollen schon selbst herausfinden, daß das alles nicht stimmt. Das ist nicht mein Problem! Von Zeit zu Zeit kam ein NS-Beamter und forderte mich auf, auch den Ariernachweis aus Wien zu schicken, der zur Bestätigung nötig sei. Natürlich, so antwortete ich, ich würde mich sofort darum kümmern. Und dann sprach ich etwas spöttisch und kumpelhaft von der sprichwörtlichen Langsamkeit der Wiener Behörden. Mein damaliger Laborchef hat wohl geahnt, daß mit meinem Ariernachweis irgend etwas nicht in Ordnung war. Aber er hat sich nichts anmerken lassen, er hat mich, so glaube ich heute, wahrscheinlich sogar das ein oder andere Mal in Schutz genommen. Auf diese Weise konnten wir überleben, unentdeckt und unerkannt. Irgendwann wurden auch die Nachfragen der Beamten seltener, und man hatte in den Kriegswirren einfach etwas anderes zu tun, als den Ariernachweis eines gewissen Heinz von Foerster zu verifizieren.

B. P. Sie sprechen über diese Zeit mit einem leichten, fast wegwischenden Gestus, der dazu zwingt, auch nach der anderen Seite zu fragen: dem Schrecklichen dieser Jahre, der konkreten Bedrohung Ihrer Familie.

H. F. Selbstverständlich, das war ein Damoklesschwert, das über unseren Köpfen schwebte. Natürlich gab es Momente ganz konkreter Gefahr. Wir waren zum Beispiel mit einer jüdischen Familie – zwei älteren Damen und einem Herrn – befreundet, die nicht mehr auf die Straße gehen konnte. Sie trugen ja den Judenstern. Meine Frau und ich kauften ihnen ein, brachten etwas zu essen und stellten es vor die Tür. Und eines Tages kam ich wieder einmal mit ein paar Sachen vorbei. Die Türe stand offen, und es war niemand mehr da. Die Gestapo hatte sie gerade geholt.

B. P. Sie haben einmal geschrieben, daß Sie in diesen Jahren das Zaubern davor bewahrt habe, „Schaden an Leib und Seele zu nehmen".

H. F. Sie müssen wissen, daß wir damals mit unseren ersten zwei Söhnen sehr zentral neben der Gedächtniskirche in einer wunderschönen Wohnung lebten, die wir dank der Geschicklichkeit meiner Frau gefunden hatten; unsere Wohnung war als Treffpunkt äußerst geeignet. Nachts besuchten uns Freunde, wir diskutierten die Lage – und immer wieder klingelte es. Schon an der Tür hieß die Frage: „Kann man sprechen?" Das war unsere verabredete Formel, um zu klären, ob vielleicht ein Denunziant anwesend ist. Wir entwickelten unter dem Druck der äußeren Gefahr einen sechsten Sinn, ein Gespür für eine Vielzahl unsagbarer Zeichen, die uns signalisierten, ob man dem anderen, der da zu uns kam, vertrauen konnte. In diesen Nächten der Diskussion und Debatte habe ich oft auch gezaubert und mich mit den Worten an unsere Gäste gewandt: „Meine

Damen und Herren, ich erlaube mir, Ihnen einige kleine Experimente der modernen Salonmagie vorzuführen."

B. P. Sie haben sich und die anderen in eine bessere Welt gezaubert.

H. F. Ja, wir haben uns gemeinsam an den kleinen Geschichten, den Witzen und Zauberkunststücken gefreut. Auf diese Weise konnten wir uns für einige Stunden von dem Druck der Verhältnisse und den alltäglichen Befürchtungen befreien. Das gemeinsame Lachen und Sichamüsieren, das war so unendlich wichtig in dieser Zeit, in der man Angst haben mußte, daß gleich jemand an der Tür klopft und man abgeholt wird.

B. P. Wie haben Sie die Bombardierungen der Stadt zum Kriegsende erlebt?

H. F. Als Berlin in den Jahren 1941 und 1942 evakuiert wurde, gingen wir nach Schlesien, da meine Firma dorthin verlagert wurde. Ich arbeitete hier in der Nähe von Liegnitz an der Grundlagenforschung. Wir blieben, bis kurz bevor die Russen einmarschierten. Jetzt mußte ich dem Volkssturm entgehen, in dem noch viele Zivilisten, die in den letzten Tagen eingezogen wurden, ums Leben kamen. Meine Frau gelangte mit unseren Kindern über manchen Umweg nach Mannheim. Ich fuhr mit dem Fahrrad durch den meterhohen Schnee auf den Panzerspuren nach Berlin und verlor dort unseren letzten Besitz, den ich in einem Rucksack bei mir trug, so daß ich, als der Krieg vorbei war, nichts mehr besaß, absolut nichts. Schließlich holte ich meine Frau und die Kinder ab und kehrte mit ihnen nach Österreich zurück. Das Ende des Krieges erlebten wir in Kufstein, einem wunderschönen Ort in Tirol. Diesen Moment werde ich nie vergessen: Wir saßen alle zusammen auf einer Bank im Freien, von den Bergen leuchtete noch der Schnee, die Sonne schien – und wir beobachteten die Schlacht zwischen der amerikanischen *Rainbow division* und den letzten Panzern der SS, die sich langsam zurückzogen. Als die Amerikaner kurze Zeit später Kufstein besetzten, machten sie mich zum Bürgermeister von Oberndorf, einem kleinen Ort westlich von Kufstein. Das war mein einziger Ausflug in die Politik, der überdies sehr schnell zu Ende ging. Nach ein oder zwei Wochen zogen wir alle wieder nach Wien.

Als Dr. Heinrich beim Radio

B. P. Viele Schriftsteller und Philosophen haben sich in der Nachkriegszeit öffentlich mit der nationalsozialistischen Ideologie auseinandergesetzt und Studien über den Totalitarismus veröffentlicht. Gab es auch für Sie den Wunsch nach einer freien Aussprache und Auseinandersetzung über diese Zeit?

H. F. Ja; und die Erfüllung dieses Wunsches wurde mir sehr leicht gemacht. Sie müssen wissen, daß ich nach dem Krieg zwei Berufe hatte: Ich arbeitete bei einer Telefonfirma und als Journalist. Das amerikanische Militär baute damals gerade einen Radiosender auf, der hieß *Rot Weiß Rot.* Ich wurde unter dem Namen „Dr. Heinrich" Chef der Abteilung für Kunst und Wissenschaft. Es war gesetzlich nicht erlaubt, zwei Berufe auszuüben, und die Telefonfirma und der Radiosender wären über meine weiteren Verpflichtungen nicht sehr glücklich gewesen, da sie mich jeweils *full time* angestellt hatten. Aber ich besaß damals – ein ungeheures Privileg – ein Motorrad und raste zwischen den Aufsichtsratssitzungen der Telefonfirma und meinem Schreibtisch beim Sender hin und her. Warum erzähle ich diese Geschichte? Der Grund ist, daß ich beim Radio die Gelegenheit zur Diskussion über die Zeit des Nationalsozialismus bekam. Die Schrecken der Konzentrationslager wurden damals gerade bekannt. Überall in Wien hingen riesige Plakate, auf denen nackte, verkümmerte Körper zu sehen waren, Leichen aus den KZs. Auf den Plakaten stand: „Das ist Deine Schuld!" In diesen Monaten konzipierte ich eine besondere Sendung, die ein großer Erfolg wurde. Sie hieß „Es steht zur Debatte". Eingeladen wurden Menschen, die sich in einer differenzierten Form mit den Fragen von Schuld und Unschuld beschäftigten. Es sprachen und diskutierten der Dominikanerpater Diego Götz und die ungeheuer feinfühlige Psychologin Margarethe Bauer-Clumberg, von der ich lernte, daß das Wesentliche immer die Nuancen sind. Ich begriff: Wenn die Nuancen stimmen, dann kann etwas Richtiges gesagt werden. Auch der Psychiater Viktor Frankl trug zu diesem Programm sehr viel bei, er besaß als Überlebender eine besondere Autorität.

Abb. 12: *„Die wöchentliche Radiosendung ‚Es steht zur Debatte' konnte ich nach langen Überredungsversuchen schließlich bei dem amerikanischen Sender* Rot Weiß Rot *verwirklichen. Die Wahl der Themen ergab sich aus der allgemeinen Notlage der Menschen, die – nach einem verlorenen „totalen Krieg", von fremden Mächten besetzt, materiell und seelisch zermürbt – nach Richtlinien, Fundamenten und einer Ethik suchten, die ihnen helfen würde, ihr Leben neu aufzubauen. ‚Kollektivschuld', ‚die geistige Krise der Gegenwart', ‚Recht, Gesetz und Gerechtigkeit' – das waren die Themen, die zur Debatte standen."*

Kollektivschuld oder individuelle Verantwortung

B. P. Viktor Frankl hat trotz seiner entsetzlichen Erfahrungen im Konzentrationslager die Idee der Kollektivschuld stets ganz deutlich abgelehnt und kritisiert.

H. F. Ich stimme ihm zu. Ich kenne kein Kollektiv. Wo ist es? Einem Kollektiv kann man nicht die Hand schütteln, man kann es nicht umarmen und sich nicht mit ihm an einen Tisch setzen und fragen, wie es ihm geht, ob es Schmerzen hat, warum es lacht oder weint. Wir haben es hier mit einem Begriff zu tun, der den direkten Bezug von Mensch zu Mensch verhindert.

B. P. Stört Sie, daß der Begriff des Kollektivs vom Individuum abstrahiert?

H. F. Ein Mensch ist frei und nicht das Opfer eines Kollektivs oder irgendeiner äußerlichen Gewalt. Er erscheint mir als ein Universum für sich. Meiner Auffassung nach bleibt auch derjenige, der etwas nachbetet und sich unterwirft, ein Individuum, das sich entschieden hat, etwas nachzubeten und sich zu unterwerfen. Mein Freund Humberto Maturana, der selbst von dem diktatorischen Regime in Chile bedroht wurde, hat einmal gesagt: *"Power is the consequence, submission is the cause." – Macht ist die Konsequenz, Unterwerfung ist die Ursache.* Das heißt, wenn man sich weigert, in einem Kollektiv mitzuspielen und sich zu unterwerfen, dann hat jede Macht der Erde verloren.

B. P. Aber Fakt ist doch, daß sich in der Zeit des Nationalsozialismus sehr viele Menschen auf das Spiel der Unterwerfung eingelassen haben und nicht mehr als Individuen in Erscheinung traten, sondern allein als Element eines marschierenden Kollektivs. Sie sind erst aufgewacht, als sie entsetzt vor den Massengräbern standen.

H. F. Nun, diese Menschen haben sich, darauf kommt es an, entschieden, ihre Individualität aufzugeben bzw. in den Hintergrund treten zu lassen. Da kann ich aus meiner Perspektive nur sagen: Das ist nicht mein Problem, da ich stets dafür plädiere – und natürlich ist das ein idealistischer Standpunkt –, die ungeheure Vielfalt der Handlungsmöglichkeiten zu betonen. Die Idee des Kollektivs macht diese Möglichkeiten nicht sichtbar. Man glaubt an ein statisches Sein des Menschen und behauptet, ihn endgültig erfaßt zu haben, wenn man auf diese Weise über ihn spricht. Das ist die ontologische Sicht des Menschen, er erscheint als *human being.* Für mich ist der Mensch voller Möglichkeiten, er ist kein *human being,* sondern ein *human becoming;* das ist eine ontogenetische Sicht, die vom Werden und der Entstehung des Seins handelt. Er kann, wenn man ihn auf diese Weise betrachtet, etwas aus sich machen, er kann seine Individualität zu einer gewaltigen Blüte bringen, und er ist nicht ausreichend beschrieben, wenn man ihn als Mitglied irgendeines Kollektivs charakterisiert.

3. Sprung in eine andere Welt: Amerika

Theorie des Gedächtnisses

B. P. Sie haben im Jahre 1949 Wien verlassen und in den USA eine wissenschaftliche Karriere begonnen. Von Österreich nach Nordamerika hat Sie ein Buch gebracht, das den Titel trägt: *Das Gedächtnis. Eine quantenphysikalische Untersuchung*. Sie entwerfen hier eine Theorie des Lernens und Vergessens, die die Kybernetiker der ersten Stunde – Norbert Wiener, Warren McCulloch und andere – faszinierte. Aber von Anfang an: Wie ist es zu dieser Untersuchung gekommen?

H. F. Sie müssen wissen, daß ich stets ein außerordentlich schlechter Schüler war. Der Grund ist, daß ich mir die isolierten Fakten und Daten des Geschichtsunterrichts einfach nicht merken konnte. Mir war nie klar: Was war da nur mit dieser Kleopatra? War sie nun mit Julius Cäsar oder Abraham Lincoln zusammen?

B. P. Und Ihre Schwierigkeit, sich Daten zu merken, hat Sie auf die Frage nach der Funktionsweise des Gedächtnisses gebracht?

H. F. Nicht ganz, aber es war diese Schwierigkeit, die mich dazu veranlaßte, eine Tabelle zu basteln, die die Jahre menschlicher Geschichte in festgelegten Abschnitten auf eine Zeitachse aufträgt. Und es wurde klar: Lincoln und Kleopatra können niemals befreundet gewesen sein. Aber ich sah noch etwas anderes: Die Geschichtsdaten werden, je weiter man zurückgeht, immer spärlicher. Je weiter die Ereignisse zurückliegen, desto eher sind sie in Vergessenheit geraten. Das heißt, daß die Einteilung einer solchen geschichtlichen Tabelle in gleiche Zeitabschnitte eine unnötige Platz- und Papierverschwendung darstellt: Im Abschnitt eines gerade erst vergangenen Jahrhunderts finden sich viele Daten; in dem Jahrhundert, das schon sehr weit zurückliegt, sind dagegen kaum Einträge. Diese Beobachtung hat mich zu der Suche nach einer Zeitskala inspiriert, die – je weiter man zurückgeht – kürzer und kürzer wird und zusammenschrumpft.

B. P. Sie wollten die Art und Weise der geschichtlichen Erinnerung, die im Laufe der Zeit immer unpräziser wird, tabellarisch abbilden?

H. F. Genau. Dies gelang mir mit Hilfe einer logarithmischen Funktion, in der jede Zehnerpotenz (1, 10, 100, 1000 usw.) dieselbe Länge aufweist. Wenn wir also unsere Tabelle mit der nahen Vergangenheit beginnen lassen, dann habe ich am Anfang viel Platz für Einträge; und dieser Platz wird – in Relation zur spärlicher werdenden Datenmenge in der Vergangenheit – immer weniger.

B. P. Wie gelangt man von einer logarithmisch organisierten Geschichtstabelle zu einer kybernetischen Theorie des Gedächtnisses?

H. F. Meine nächste Überlegung war, daß wir – so meine These – in einer logarithmischen Form vergessen. Und eines Tages, viele Jahre später, ergab sich für mich die Möglichkeit, diese Hypothese zu überprüfen. Nach dem Krieg entdeckte ich durch puren Zufall das Buch eines gewissen Hubert Rohracher: *Einführung in die Psychologie*, das ich mir für ein paar Schilling kaufte. Dieses Buch enthielt die sogenannte Ebbinghaussche Vergessenskurve, die ich natürlich sofort mit meinen mathematischen Gleichungen zu erklären versuchte.

B. P. Was war das Ergebnis?

H. F. Nichts stimmte, gar nichts. Meine Theorie schien zerstört. Aber irgendwann stellte ich fest, daß Ebbinghaus, um diese Vergessenskurve zu erstellen, seine Probanden sinnlose Silben – *wu, mi, ka, schno* – auswendig lernen ließ, um in festgelegten Zeitabschnitten zu überprüfen, wie viele dieser Silben noch erinnert werden konnten. Und plötzlich fiel mir auf, daß er mit dieser Methode gar nicht nur das reine Vergessen feststellt, denn die Wiedererinnerung bedeutet ja auch, daß etwas erneut gelernt und im Gedächtnis verankert wird. Das heißt: Man muß nun die Differentialgleichung, die nur das Vergessen beschreibt, um eine Lernfunktion ergänzen. Das Ergebnis dieser Ergänzung war, daß meine Theorie, die ich schließlich ausformuliert und veröffentlicht habe, erneut stimmte. Im Februar des Jahres 1949 reiste ich mit einigen Kopien dieses kleinen Buches auf der *Queen Mary* nach Amerika. Über Umwege und Freunde gelangte es auch in die Hände des großen Neurophilosophen Warren McCulloch, der gerade von einem Kongreß über das Gedächtnis zurückgekehrt war.

B. P. Ich vermute, daß Warren McCulloch diese Arbeit nicht allein als jemanden, der an einer Theorie des Gedächtnisses interessiert ist, faszinierte, sondern auch als Kybernetiker. Denn in der Doppelbewegung und der Wechselwirkung von Lernen und Vergessen, die Sie mathematisch ausgedrückt haben, manifestiert sich auch ein kybernetischer Mechanismus: Was gesagt wird, wird erneut gelernt und schlechter vergessen. Der Output wirkt auf den Input zurück, er wird zum neuen Input. Und dann geht alles wieder von vorne los.

Anfänge der Kybernetik: die Macy-Tagungen

H. F. Genau, dieses Element zirkulärer Kausalität war der Grund, warum sich McCulloch für mein Buch interessierte. Er lud mich ein, zu ihm zu kommen, und ich flog mit einem dieser billigen Nachtflüge nach Chicago, wo ich ihn in den Räumen der Universität traf. Er sprach kein Wort Deutsch, mein Englisch beschränkte sich auf 20 oder 25 Worte, aber es war die universale Verständlichkeit mathematischer Formeln, die doch noch so etwas wie ein Gespräch zustande kommen ließ. Es war McCulloch, der mich in den Kreis der Kybernetiker einführte, die sich auf Einladung der Macy-Foundation trafen.

B. P. Die Elite der amerikanischen Wissenschaft versammelte sich damals auf Einladung dieser Stiftung.

H. F. Ja; zu diesen Tagungen kamen die großartigen Anthropologen Margaret Mead und Gregory Bateson, der unglaubliche Mathematiker Norbert Wiener, der schon mit 16 oder 17 Jahren in Harvard promoviert wurde, der Erfinder des Computers und der Spieltheorie John von Neumann, der berühmte Physiologe Heinrich Klüver und viele andere. Vor diesem Kreis amerikanischer Wissenschaftler hielt ich kurze Zeit nach der ersten Begegnung mit Warren McCulloch einen Vortrag, der im wesentlichen aus meinen paar Worten und zahlreichen mathematischen Formalismen bestand. Zum Glück waren einige deutsche Emigranten anwesend, die mich unterstützten. Die Atmosphäre war freundlich und von einer intensiven und furchtlosen Kreativität. Alle halfen mir und versuchten meine stammelnde Darbietung zu übersetzen, niemand achtete auf das Äußerliche und die Etikette. Nach dem Vortrag mußte ich, der nur Gaststatus hatte, für einen Moment den Saal verlassen. Als ich wieder hereingerufen wurde, trat man an mich mit den Worten heran: „Was du gesagt hast, war hochinteressant; aber wie du es gesagt hast, war katastrophal. Damit du schnell Englisch lernen kannst, ernennen wir dich hiermit zum Herausgeber der Berichte unserer Konferenz." Und ich verwies sofort darauf, daß ich nicht einmal den Titel der Macy-Tagungen aussprechen konnte. Er lautete: „Circular Causal and Feedback Mechanisms in Biological and Social Systems" (Zirkulär-kausale und Rückkopplungsmechanismen in biologischen und sozialen Systemen). Aus diesem Grund machte ich den Vorschlag, die Konferenzen doch nach Norbert Wieners Buch zu benennen, das zwei Monate zuvor erschienen war: *Kybernetik*. Denn im Begriff der Kybernetik manifestiert sich ja gerade, so war schon damals mein Eindruck, das Prinzip der zirkulären Kausalität. Als ich dies sagte, applaudierten alle – und Norbert Wiener war derart gerührt, daß er für einen Moment nach draußen gehen mußte, um seine Tränen zu verbergen. Ein Wissenschaftler von diesem Kaliber war berührt davon, daß er von seinen Mitmenschen anerkannt wurde. Ich fand das ergreifend.

B. P. Sie haben, so scheint mir, diese Reise aus einem kriegsgeschüttelten Wien und Europa eigentlich als eine Befreiung erlebt, als Sprung in eine andere Welt, in der die Etikette nicht mehr zählen, sondern die Inhalte Grundlage und Ursache einer Begegnung sind. Mir hat sich, als ich mich auf dieses Gespräch vorbereitete, immer wieder der Gedanke aufgedrängt, daß es diese Erfahrung des Gelingens und des Glückens ist, die Ihre erkenntnistheoretische Position geprägt und Sie dazu inspiriert hat, stets und vehement gegen die Verfestigungen des Denkens, gegen die Dominanz des Formalen und des Etiketts anzustreiten.

H. F. Selbstverständlich. Diese Erlebnisse der freundschaftlichen Hilfe waren für mich unendlich wichtig, sie haben mir eine ganz grundsätzliche Sicherheit gegeben. Und dies paßt vielleicht dazu: In Österreich und insbesondere in Wien, der Stadt meiner Herkunft, war die Form so wahnsinnig relevant. In den USA spielte die Form keine Rolle; ob ich einen Schlips trug, perfektes Amerikanisch sprach – das erschien dieser Elite amerikanischer Denker, die sich da bei den Macy-Konferenzen trafen, völlig unwichtig.

Abb. 13: Teilnehmer der Macy-Konferenzen.

Erste Reihe: T. C. Schneirla, Y. Bar-Hillel, Margaret Mead, Warren McCulloch, Jan Drooglever-Fortuyn, Yuen Ren Chao, W. Grey-Walter, Vahe E. Amassian.
Zweite Reihe: Leonard J. Savage, Janet Freed Lynch, Gerhardt von Bonin, Lawrence S. Kubie, Lawrence K. Frank, Henry Quastler, Donald G. Marquis, Heinrich Kluver, F. S. C. Northrop
Dritte Reihe: Peggy Kubie, Henry Brosin, Gregory Bateson, Frank Fremont-Smith, John R. Dowman, G. E. Hutchinson, Hans Lukas Teuber, Julian H. Bigelow, Claude Shannon, Walter Pitts, Heinz von Foerster

„Dieses Foto zeigt die Teilnehmer der letzten der zehn Konferenzen über ‚Kybernetik. Zirkulär-kausale und Rückkopplungsmechanismen in biologischen und sozialen Systemen'. Sie fand am 22., 23. und 24. April 1953 statt. Einige der großen Weisen der Jahrhundertmitte sind hier anwesend, und wollte man die literarische Kreativität dieser Menschen mit Hilfe des Volumens ihrer Schriften messen, müßte man mit mehr als 3000 Arbeiten rechnen. Dabei fehlten bei diesem Treffen zwei der wichtigsten Teilnehmer, nämlich Norbert Wiener, der ja den Begriff der Kybernetik 1948 aufs Neue prägte, und John von Neumann, der Vater der großen Computer-Revolution, die nach einem halben Jahrhundert täglich Neues hervorbringt und noch kein Zeichen von Ermüdung zeigt. Kurzbiographien aller dieser Be-

teiligten würden ein faszinierendes Büchlein ergeben, das den Titel tragen könnte: ‚Ein Wendepunkt der Erkenntnistheorie.' Ich muß das Schreiben dieses Büchleins einer anderen Generation überlassen."

B. P. Diese Tagungen waren für die Entwicklung der Kybernetik zentral. Und Sie wurden zum Mitglied einer Gruppe von Wissenschaftlern, die man als *Cybernetic Circle* bezeichnen könnte. Wie läßt sich die Atmosphäre in diesem *Cybernetic Circle* beschreiben? Wie wurde diskutiert? Was waren die Themen?

H. F. Was mich ergriffen hat, war diese Begeisterung und die Euphorie, mit der man hier diskutierte und das noch Unfertige gemeinsam zu Ende dachte. Es gab eine kreative, das Verbindende betonende Dynamik und ein beständiges Fragen nach Zusammenhängen und den Möglichkeiten, ein Konzept oder eine Idee weiterzuentwickeln. Niemand hat sich mit diesem öden akademischen Ritual des Diskreditierens von anderen Auffassungen und Begriffen abgegeben. Was mich so begeisterte, war, daß diese Menschen nicht nur über die Kybernetik, sondern auch miteinander sprachen, es war ein Fest der Verständigung und ein Geben und Nehmen, das immer die Integrität des anderen würdigte. Warren McCulloch, der „Experimental-Epistemologe", wie er sich gerne nannte, war, so meine ich, der Urvater dieses hier existierenden Denkstils. Die Anthropologin Margaret Mead, die durch ihre Bücher *Coming of Age in Samoa* und *Sex and Temperament* berühmt wurde, wachte über die Disziplin der Diskutanten. Wenn die Eitelkeit der Vortragenden überhand nahm, fuhr sie freundlich dazwischen: „Wir wissen, daß du Griechisch kannst, aber bleib' bitte bei der Sache." Gregory Bateson, Margaret Meads damaliger Mann, vertiefte manche Debatte durch seine Weisheit. W. Grey-Walter war dabei, er konstruierte mechanische Schildkröten, die am Boden munter in alle Richtungen liefen – ohne irgendwo anzustoßen. In dieser Atmosphäre wurde eine ungeheure Fülle von Fragen debattiert. Thema war die Konstruktion sensorischer Prothesen, die Kommunikation zwischen Tieren, das Wachsen riesiger Panzer bei Süßwasser-Krebsen, der Kummer und der Humor und das Gelächter, das Prinzip zirkulärer Kausalität, teleologische Mechanismen. Und so weiter. Immer versuchte man, die Fundamente lebender Organismen besser zu verstehen.

B. P. Die Wissenschaftler, die hier zusammenkamen, waren allesamt interdisziplinär interessiert.

H. F. Zweifellos war ihnen ein Denkstil gemeinsam, der die Begrenzungen einer einzelnen Disziplin transzendiert. Ein Denkstil ist nichts Inhaltliches oder Thematisches, sondern eine Art und Weise des Argumentierens. Es war eine Form des Miteinander, eine Begeisterung für das Gespräch, die den Cybernetic Circle auszeichnete. Man konnte hier über ganz verschiedene Fragen und Themen diskutieren, die das Gebiet der Logik, der Physik, der Mathematik, der Psychologie usw. berühren.

B. P. Womöglich ist die Interdisziplinarität, die hier charakteristisch ist, überhaupt eine der verbindenden Konstellationen Ihres Lebens oder eine Art roter Faden Ihrer intellektuellen Biographie.

H. F. Ich würde nicht unbedingt von Interdisziplinarität sprechen. Einer Disziplin anzugehören verlangt, die Tätigkeit eines bestimmten Bereichs, eines bestimmten Fachs zu verstehen, zu kennen. Interdisziplinarität bedeutet zumindest das Verständnis eines zweiten Bereichs oder Fachs. Aber auch dieser Begriff macht die Begegnung über die Fachgrenzen hinweg noch zu etwas Außergewöhnlichem und Sensationellem. Er handelt immer noch von der Gebundenheit an eine Disziplin.

B. P. Was würden Sie sagen?

H. F. Ich würde vermutlich den Begriff der Nichtdisziplinarität oder – das ist für Deutsche natürlich besonders schlimm – vielleicht sogar den der Undisziplinierheit verwenden, was schlicht besagt, daß man sich nicht von anderen disziplinieren läßt. Sicher, es gibt einen dialogischen Denkstil oder ein auf das Gemeinsame gerichtetes Prinzip in meinem Leben, eine Weigerung, die Grenzen eines Faches als unüberwindlich anzusehen. Dieses dialogische Prinzip enthält stets die Frage nach dem Verbindenden zwischen einem Physiker und einem Psychiater, einem Mathematiker und einem Biologen, einem Menschen, der von der Leber und einem, der von der Sonne spricht. Die Unterschiedlichkeit der Herangehensweisen ist nie der Anlaß, das Gespräch abzubrechen, sondern bildet die

Basis wechselseitiger Faszination. Was mich begeistert hat, war, daß sich die Menschen im Cybernetic Circle, die aus so unterschiedlichen Fachrichtungen kamen, als Geistesbrüder verstanden haben. Man hat hier in einer Atmosphäre der Kooperation nachgedacht.

Das Biologische Computer-Laboratorium

B. P. Sie haben 1957 an der Universität von Illinois das Biologische Computer-Laboratorium gegründet, das eine kleine *nichtdisziplinäre* Gelehrtenrepublik darstellte. Schon sehr früh wurden hier Forschungsarbeiten veröffentlicht, die noch heute in der Diskussion über erkenntnistheoretische und kybernetische Fragen stilbildend wirken. Können Sie etwas zu der Atmosphäre am Biologische Computer-Laboratorium sagen?

H. F. Als ich das Biologische Computer-Laboratorium aufbaute, verhinderte ich natürlich, daß eine Disziplin dominant werden konnte. Um andere Themen und Gebiete – ich bin ja eigentlich Physiker und Mathematiker – kennenzulernen, bat ich um ein akademisches Freijahr und verließ die Universität von Illinois für zwei Semester. Die erste Hälfte arbeitete ich bei Warren McCulloch und Norbert Wiener am Massachusetts Institute of Technology (MIT); die andere Hälfte war ich in Mexico bei dem Physiologen Arturo Rosenblueth, um mich mit der Neurobiologie vertraut zu machen. Ich experimentierte mit ihm in seinem Labor. Das war faszinierend und ungeheuer lehrreich. Nach diesem Jahr bat ich die Universität, das Biologische Computer-Laboratorium gründen zu dürfen. Man stimmte zu; und ich begann, die verschiedensten Menschen einzuladen, um mit ihnen gemeinsam zu arbeiten.

B. P. Wer kam an das Biologische Computer-Laboratorium? Welche Themen standen im Vordergrund?

H. F. Wir befaßten uns mit Logik und Epistemologie, Spracherkennung und Kommunikation, es ging um Fragen, die heute im Zusammenhang mit der Künstlichen Intelligenz debattiert werden. Der Philosoph Lars Löfgren arbeitete hier an dem Konzept einer selbstreferentiellen Logik, die er, wie schon gesagt, *Autologik* genannt hat. Warren McCulloch hielt Vorträge; die Neurobiologen Humberto Maturana und Francisco Varela beschäftigten sich mit Problemen der Kognition und verfaßten wichtige Arbeiten zum Begriff der Autopoiesis, der heute so bekannt geworden ist. Der Delphinforscher John Lilly besuchte uns immer wieder und sprach über seine Versuche, mit Delphinen zu kommunizieren, ihnen Englisch beizubringen oder von ihnen ihre Sprache zu lernen. Er studierte die Lautgebungen der Delphine, die Struktur der Phoneme und ihr Gehör. Eine israelische Tänzerin lehrte uns eine Notation für Bewegungsformen. Und wir machten eine Reihe von Erfindungen, bauten etwa den ersten Parallelrechner der Welt. Er läßt sich beispielsweise verwenden, um blitzschnell die Anzahl von roten Blutkörperchen in einer Blutprobe festzustellen und zu errechnen.

Abb. 14: Teilnehmer der Konferenz „Prinzipien der Selbstorganisation", die 1960 auf Einladung Heinz von Foersters an der Universität von Illinois stattfand.

1 Saul Amarel, 2 Gordon Pask, 3 Manuel Blum, 4 Kathy Forbes, 5 Peter Greene, 6 Ross Ashby, 7 Jack Cowan, 8 Heinz von Foerster, 9 Alfred Inselberg, 10 Ludwig von Bertalanffy, 11 Scott Cameron, 12 Murray Babcock, 13 John Tooley, 14 Cornelia Schaeffer, 15 Stephen

Sherwood, 16 George Jacobi, 17 Hans Oestreicher, 18 John Bowman 19 Jack Steele, 20 Friedrich von Hayek, 21 Hewitt Crane, 22 Anatol Rapaport, 23 Raymond Beurle, 24 Jerome Elkind, 25 John Platt, 26 Charles Rosen, 27 Roger Sperry, 28 Frank Rosenblatt, 29 Joseph Hawkins, 30 Albert Novikoff, 31 Stafford Beer, 32 Paul Weston, 33 David Willis, 34 George Zopf, 35 Albert Mullin, 36 Warren McCulloch, 37 Marshall Yovits, 38 Leo Verbeck

„Besonders viel trugen zu unserem Verständnis der Selbstorganisation Warren McCulloch, Stafford Beer, das britische Wunderkind der Kybernetik im Management, und Marshall Yovits vom Office of Naval Research bei. Yovits übernahm die Patenschaft dieser und ähnlicher Konferenzen. Gordon Pask nannten wir liebevoll „Mister self organizing system". Cornelia Schaefer wirkte als der Katalysator dieser Konferenz; Anatol Rapaport war der führende Geist der „operationellen Philosophie". Sehr wichtig waren auch die drei intellektuellen Riesen: Ludwig von Bertalanffy, Ross Ashby und Friedrich von Hayek. Ludwig von Bertalanffy wies den Weg zu einer theoretischen Biologie, indem er als erster eine Thermodynamik energetisch offener Systeme zu entwickeln begann, um dem Metabolismus organischer Formen gerecht zu werden. Ross Ashby, ein Psychiater, wurde der Vater der europäischen Kybernetik. Friedrich von Hayek war Ökonom, er erhielt den Nobelpreis."

B. P. Mir fällt auf, daß das Biologische Computer-Laboratorium noch in einer sehr besonderen Hinsicht eine avantgardistische Institution war: Man hat hier auf die strenge Trennung zwischen Natur- und Geisteswissenschaften keine Rücksicht genommen. Traditionell und im Gefolge der Arbeiten von Charles P. Snow ist es bequem geworden, von *zwei Kulturen* und einer unüberbrückbaren Kluft zwischen Natur- und Geisteswissenschaften zu sprechen. Für Sie hat die Feindseligkeit zwischen literarisch gebildeten Intellektuellen, die nicht wissen, was Elektrizität ist, und den naturwissenschaftlich geprägten Autoren, die Shakespeare nicht kennen, offenbar nie eine Rolle gespielt.

H. F. Nein, überhaupt nicht. Für mich ist Wissenschaft eine Tätigkeit, die Wissen schafft; das gilt für Natur- und Geisteswissenschaften gleichermaßen. Ich halte die Trennung, die Sie hier ansprechen, für künstlich, geht es doch immer um *Er-Wissen,* um kreative Vorgänge, die sich nicht anhand einer Vorsilbe, die auf Natur oder Geist hindeutet, unterscheiden lassen.

B. P. Wie lassen sich dann die verschiedenen Wege, Wissen zu kreieren, Wissen zu schaffen, voneinander abgrenzen?

H. F. Ich möchte vorschlagen, zwischen *science* und *systemics* zu differenzieren. Das sind zwei Weisen zu denken, zwei Formen der Wahrnehmung, zwei Denkstile. Die indoeuropäische Wurzel von *scientia* ist *ski,* sie weist auf Bedeutungen hin wie: trennen, separieren, unterscheiden. Das ist die westliche Tradition des Denkens, die auf dem Reduktionismus und dem Glauben an die Kausalität basiert: Man entwirft Taxonomien, zergliedert ein Problem so lange, bis es behandelbar erscheint, unterscheidet die Wirkung von der Ursache und hofft, die Regel der Transformation zu finden, die die Wirkung zu einer Ursache werden läßt. Den anderen Weg, Wissen zu schaffen, nenne ich *systemics.* Wer ihm folgt, der trennt und separiert nicht, sondern versucht, zu verbinden, zu vereinen und zu vergleichen. Es ist ein Denken, dem es um Bezüge geht, um Bezüglichkeit, sogar um die logisch hochgefährliche Selbstbezüglichkeit. Die beiden Wege, die beiden Denkstile, *science* und *systemics,* können komplementär verwendet werden. Ein guter Wissenschaftler, der zu unterscheiden versteht, wird sich immer fragen: Was habe ich durchschnitten, was habe ich getrennt?

B. P. Am Biologischen Computer-Laboratorium wurden immer wieder die als zu eng empfundenen Fachgrenzen gesprengt, hier wurde das Verbindende betont und *systemics* praktiziert. Ein ehemaliger Student hat berichtet, daß dieser integrierende Gestus durchaus auch Anfeindungen innerhalb der Universität provozierte.

H. F. Oh ja, das stimmt. Viele konnten mit dem, was wir taten, einfach nichts anfangen. Als wir beispielsweise den Psychiater Ross Ashby, der eine berühmt gewordene Einführung in die Kybernetik verfaßt hat, an unser Institut holten, machte die Nachricht auf dem Campus die Runde. Und der Vizepräsident der Universität soll gesagt haben: „Ist es schon so schlimm, daß jetzt auch noch ein Psychiater gebraucht wird?" Nun, um ehrlich zu sein, manchmal wundere ich mich noch heute ein bißchen, daß man mich nicht rausgeschmissen hat. Einer der Gründe ist wohl, daß die Universität auch sehr von mir profitierte. Ich holte etliche Millionen Dollar Forschungsgelder herein und war wohl eine ziemliche Geldkuh.

B. P. Wenn ich richtig weiß, gab es Ende der 60er Jahre finanzielle Schwierigkeiten, die schließlich das Ende des Biologischen Computer-Laboratoriums bedeuteten. Vorher wurde diese Nische in der traditionell ganz anders organisierten Universität vom „Office of Naval Research" und der „Air Force Office of Scientific Research" finanziert. 1968 verabschiedete man ein Gesetz, das es verbot, jene Projekte zu unterstützen, die keinen klaren militärischen Nutzen hatten.

H. F. Sicher, da existierte dieses Gesetz; wir hätten den Schwerpunkt unseres Forschens verlagern müssen, um dem Militär einen Gefallen zu tun. Das wollte ich nicht. Allerdings gab es noch ein paar andere Gründe, die zum Ende des Instituts führten. Auch die Themen, die wir behandelten, machten es immer schwieriger, Gelder zu bekommen. Und manche der erstklassigen Forscher, die zu uns gekommen waren, wanderten ab. Humberto Maturana kehrte nach Chile zurück, Francisco Varela begann in Paris zu arbeiten; Ross Ashby wurde schwer krank. Außerdem war klar, daß ich im Alter von 65 Jahren – 1976 – emeritieren mußte. Und so habe ich mich in den letzten Jahren meiner Tätigkeit als Universitätsprofessor damit befaßt, das Biologische Computer-Laboratorium wieder abzubauen, die letzten Doktoranden zu promovieren, die Gerätschaften zu verschenken. Meine Frau und ich haben schließlich im Jahre 1976 Illinois verlassen und uns im kalifornischen Pescadero, auf dem Rattlesnake Hill, ein wunderschönes Stück Land gekauft, das vollgewachsen war mit einer giftigen Schlingpflanze, *Poison Oak*. Glücklicherweise gehöre ich zu dem winzigen Prozentsatz der Menschheit, der immun gegen das Gift dieser Pflanze ist, das schreckliche Ausschläge und Geschwüre verursacht. Ich konnte also mit einer Machete in diesen Dschungel hinein. Zusammen mit einem unserer Söhne, der Architekt ist, haben wir ein Haus gebaut, eine Straße angelegt, einen Brunnen gebohrt und das Land von Poison Oak befreit. Wenn man hier auf den Hügel hinaufklettert, ist, ganz leise, das Rauschen des Ozeans zu hören, man hat nach Westen und nach Osten eine herrliche Aussicht hinunter ins Tal; die Rehe kommen bis vor unsere Haustür. Es ist einfach überwältigend schön.

B. P. Wie leben Sie heute?

H. F. Am Vormittag, wenn die Sonne noch nicht zu heiß scheint, versuche ich das Grundstück in Ordnung zu halten, zersäge Bäume, die der Sturm zu Fall gebracht hat, ernte die Aprikosen, arbeite mit meinen Mähmaschinen und achte darauf, daß sich in diesem wunderbaren Klima nicht wieder alles in einen Dschungel zurückverwandelt. Am Nachmittag ruhe ich mich ein bißchen aus, meine Frau und ich gehen ein wenig spazieren, steigen den Hügel hinauf und genießen die Aussicht. Und am Abend und in der Nacht schreibe ich und verfasse meine kleinen Foerstereien, arbeite jene Vorträge aus, zu denen mich die Leute aus der ganzen Welt einladen. Aber ich komme immer wieder sofort zurück zum Rattlesnake Hill.

V. Erkenntnis und Ethik

Ethik ist keine Theorie

B. P. Die beiden Bücher, die von Ihnen in den letzten Jahren erschienen sind, heißen: *Wissen und Gewissen* und *KybernEthik*. Auffällig ist, daß hier schon im Titel ein Zusammenhang anklingt, der Ihr gesamtes Werk bestimmt und an verschiedenen Stellen, wenn auch auf eine eher indirekte Weise, schon Thema unserer Gespräche war: die unauflösbare Verbindung von Erkenntnistheorie und Ethik. Wie läßt sich diese Verbindung beschreiben? Oder präziser: Welche erkenntnistheoretische Position hat welche ethische Konsequenz?

H. F. Ich möchte darauf hinweisen, daß ich nicht so sehr ein expliziter Erkenntnistheoretiker bin, sondern ein Mensch, der nach seinem eigenen Gewissen handelt. Und der Begriff der Erkenntnis*theorie* gefällt mir nicht, denn er lädt immer schon, wenn man ihn streng und im Sinne von Karl Popper interpretiert, zur Falsifizierung ein. Man muß eigentlich anfangen, Experimente zu machen, um die eigenen Theorien zu widerlegen, man muß nach Gegenbeispielen suchen, um festzustellen, ob man sich vielleicht mit seinen Annahmen etwas zu weit aus dem Fenster gehängt hat. Die Falsifizierung ist die erste Aufgabe, die man hat, wenn man eine Theorie formuliert. Und das Falsifizieren gehört zu den Aufgaben akademischer Clubs, es stellt eine intellektuelle Aktivität dar, die bestimmten Spielregeln zu genügen hat. Das ist gar nicht abwertend gemeint, aber es handelt sich, wenn man den Begriff der Theorie verwendet, einfach um einen anderen Bereich. Ich würde eher von einer ethischen Haltung reden – und nicht von einer Theorie. Eine Haltung ist stärker etwas Ganzheitliches, sie ist umfassend, sie bestimmt mein Verhalten gegenüber der gesamten Welt, beeinflußt meinen Umgang mit dem Hund des Nachbarn, den anderen Menschen, den Blumen.

B. P. Für eine Haltung oder eine ethische Praxis entscheidet man sich; man wählt sie.

H. F. Nein, das glaube ich nicht. Das ist nichts Bewußtes, sondern eher eine Art Vorentscheidung. Man denkt gar nicht mehr nach, sieht eine ältere Dame, die eine Münze, ein Geldstück, verliert – und die eigene Haltung bringt einen dazu, sich zu bücken, dieses Geldstück aufzuheben und es ihr zurückzugeben. Was tut man, wenn einem jungen Mann Geld herunterfällt? Bückt man sich auch? Obwohl er jung ist und genug Kraft besitzt, es selbst aufzuheben? Macht man sich lächerlich, wenn man ihm hilft? Ich würde sagen: Das ist eine Haltungsfrage. Ich habe mich vorentschieden und mir gesagt, daß es ganz egal ist, wer das Geldstück verliert; ich werde mich bücken.

B. P. Heißt das, daß für Sie die erkenntnistheoretische Reflexion sekundär ist und die konkrete Handlung oder die besondere Tat primär?

H. F. Worauf es ankommt ist, daß ethische Fragen nicht zurückgelehnt im Lehnstuhl besprochen werden können; sie ergeben sich in einer konkreten Situation, sie sind nicht abgehoben und losgelöst debattierbar. Natürlich bin ich auch ein Erkenntnistheoretiker und war Mitglied einer Universität, aber wenn Sie nach einer ethischen Dimension fragen, dann geht es um die Praxis, um *Down-to-earth*-Probleme und nicht um jene Kategorien und Begriffssysteme, die akademische Clubs und ihre Spezialisten so sehr faszinieren.

B. P. Dann nähern wir uns nicht über den Begriff der Erkenntnistheorie, sondern über eine konkrete These. Sie haben einmal, so werden Sie von der *American Society for Cybernetics* zitiert, geschrieben: „Objektivität ist die Wahnvorstellung, Beobachtungen könnten ohne Beobachter gemacht werden. Die Berufung auf Objektivität ist die Verweigerung der Verantwortung – daher auch ihre Beliebtheit." Wie hängt die Ablehnung von Verantwortung mit dem Objektivitätspostulat zusammen?

H. F. Wer wissenschaftlich tätig ist, mathematische Theorien aufstellt, in Labors arbeitet, für den wird die Frage wichtig: Was ist eine Beobachtung? Wie kommt sie zustande? Wie läßt sich mit Sicherheit feststellen, daß dieses oder jenes der Fall ist und diese oder jene Sicht der Dinge universal gültig? Ausgehend von Problemen der klassischen Empirie hat ein gewisser Hermann von Helmholtz im 19. Jahrhundert eine Strategie entwickelt, die – so seine Annahme – allgemeingültige Beobachtungen hervorbringen könnte. Helmholtz beschloß, den Beobachter auf dem sogenannten *Locus observandi* zu plazieren: einem Platz völlig neutraler Betrachtung, der frei sein sollte von persönlichen Einflüssen, individuellem Geschmack und den besonderen Eigenschaften eines Menschen, der etwas untersucht und studiert.

B. P. Die Charakterisierung des Locus observandi klingt so, als würde man eine *epistemologische Schweiz* beschreiben, einen Ort vollständiger erkenntnistheoretischer Neutralität.

H. F. Ausgezeichnet, eine epistemologische Schweiz sollte das sein, ganz genau. Es ist ja unerhört attraktiv, so zu denken und die eigenen Annahmen als objektiv auszugeben. Aber wenn man ein bißchen näher hinschaut und die Frage stellt, was mit dem Begriff der Objektivität gemeint ist, dann erfährt man, daß es zu den Merkmalen einer objektiven Beschreibung gehört, daß die individuellen Eigenschaften des Beobachters nicht in diese eingehen, sie beeinflussen und bestimmen sollen. Aber was heißt das? Soll man nicht seine eigenen Augen benutzen, soll man nicht hören, nicht riechen, nicht schmecken? Mir ist nie recht klargeworden, was die Anhänger des Objektivitätspostulats überhaupt beobachten wollen, wenn sie einem Menschen seine persönliche Sicht der Dinge untersagen. Was soll ein Beobachter wahrnehmen, der, folgt man der Definition von Objektivität, eigentlich blind, taub und stumm sein müßte und dem es verboten ist, seine Sprache zu verwenden? Was soll er uns mitteilen? Wie soll er kommunizieren? Es ist doch, so würde ich meinen, immer ein Beobachter, der beobachtet. Ohne ihn geht gar nichts.

B. P. Aber was haben diese Ausführungen zum Begriff der Objektivität mit der Abschiebung von Verantwortung – einer praktischen Konsequenz – zu tun?

H. F. Wenn ich sage, eine Aussage sei objektiv, dann liegt dieser Behauptung die Vorstellung zugrunde, man selbst habe nichts mit dieser Aussage zu tun. Man beschreibt ja nur, man fungiert als eine Art Kamera und als ein passiver Registrator. Politisch gesehen ist diese Ablösung des Beobachters vom Beobachteten ein beliebtes Gesellschaftsspiel; denn wie will man diesen objektiven Beobachter für irgend etwas verantwortlich machen? Er ist ja nur ein Berichterstatter, er ist nicht beteiligt an dem, was geschieht, er kann sich immer darauf zurückziehen, daß er nur *objektiv* darstellt, was der Fall ist.

B. P. Aus meiner Sicht läßt sich das Verhältnis von Objektivität und verantwortlichem Handeln aber auch genau umgekehrt betrachten: Der Verweis auf die erkannte, die objektive Wahrheit bildet vielfach die Basis für verantwortliches Engagement. Weil etwas objektiv so ist, weil – beispielsweise – die Naturzerstörung *wirklich* voranschreitet, muß gehandelt werden. Und umgekehrt könnte man sagen, daß der Abschied von der Idee einer objektiv erkennbaren Realität sich auch als Rechtfertigung für Gleichgültigkeit interpretieren ließe. Nichts ist mehr *wirklich* wichtig.

H. F. Natürlich. Auch das schöne Goethesche Gedicht „Über allen Wipfeln ist Ruh" läßt sich auf hunderttausend Arten interpretieren. Man kann auch den Satz von Jesus „Wenn dir jemand auf die eine Backe schlägt, so halte ihm auch die andere hin" als Aufforderung verstehen, die Leute auf die Backen zu schlagen. Denn, so könnte man ja sagen, nachdem man für eine gewisse Zeit immer auch die andere Backe hingehalten hat, sind die Leute encouragiert worden, auf Backen zu schlagen; sie mußten dann keine Angst vor Strafe haben! Was ich damit sagen will: Alles ist auf sehr vielfältige Weise verstehbar. Das ist das sogenannte hermeneutische Grundprinzip oder die Hermeneutik des Hörers: Der Hörer und nicht der Sprecher ist es, der die Bedeutung einer Aussage bestimmt.

B. P. Aber diese Interpretation, die die Ablehnung objektiver Erkenntnis als mögliche Rechtfertigung einer gleichgültigen Haltung deutet, kann Ihnen doch nicht sympathisch sein.

H. F. Nein. Diese Sicht ist mir absolut nicht sympathisch. Ich möchte allerdings die umgekehrte Interpretation empfehlen. Meine Auffassung ist: Sobald man diese Referenzen nach außen macht und vom Übel der Welt spricht, so ist das Leid weg, nach draußen geschoben. Der Objektivist schiebt es weg. Derjenige, der eine nichtobjektivistische Haltung einnimmt, ist in ganz anderer Weise involviert. Er sagt: „Ich sehe es so, daß es all diese Übel in der Welt gibt." Ein solcher Satz macht einen plötzlich zum Mitleidenden, es entsteht Beteiligung und gerade nicht, wie Sie befürchtet haben, Gleichgültigkeit. Vielleicht darf ich an dieser Stelle an das kleine Theaterstück erinnern, das ich am Anfang unserer Gespräche geschildert habe. Da ist dieser Mann, der sagt: „Dort steht ein Baum!" – Darauf die Frau: „Woher weißt Du, daß dort ein Baum steht?" – Der Mann: „Weil ich ihn sehe!" – Darauf die Frau: „Aha." Und der Vorhang fällt. – Jetzt müssen wir uns fragen, welche dieser beiden Haltungen wir für uns akzeptieren wollen. Der Mann macht diese externen Referenzen; die Frau weist ihn darauf hin, daß die Wahrnehmung dieses Baumes an *seine* Beobachtung gebunden ist. Allerdings geht es in diesem kleinen Theaterstück nicht, wie man meinen könnte, allein um den Gegensatz von Objektivität und Subjektivität bzw. um verschiedene erkenntnistheoretische Positionen; viel wichtiger als der Streit zwischen den Objektivisten und den Subjektivisten ist etwas anderes: Der Mann trennt sich von der Welt; die Frau verbindet sich mit dem, was sie beschreibt.

B. P. Eigentlich kommt jetzt ein anderer Gegensatz ins Spiel: Es geht nicht um Objektivität oder Subjektivität – und die jeweiligen Konsequenzen aus diesen erkenntnistheoretischen Positionen. Viel wichtiger ist die fundamentale Frage, ob ich mich mit der Welt, den Ereignissen und den Schicksalen verbinde oder ob mich meine erkenntnistheoretische Position dazu zwingt, mich als getrennt von der Welt zu sehen, als einen Menschen, der von einem imaginären Locus observandi aus beobachtet.

H. F. So läßt sich das sehr gut formulieren. *Wirklichkeit, Objektivität, Ontologie* – das sind alles statische Begriffe, die verwendet werden können, um sich von der Welt zu trennen: Sie lassen sich dazu benutzen, die eigene Gleichgültigkeit als unvermeidlich auszugeben. Denn immer hat man es mit einem starren und zeitlosen Dasein zu tun, das sich nicht verändern läßt. Der Mann in diesem kleinen Theaterstück schaut wie durch ein Schlüsselloch auf das vorüberziehende und sich entfaltende Universum, die Bäume, die

Dinge und die anderen Menschen. Er braucht sich nicht verantwortlich zu fühlen, er ist der Vertreter einer Art Schlüsselloch- oder Guckkasten-Philosophie. Nichts kümmert ihn, es berührt ihn ja nicht. Indifferenz wird entschuldbar. Das ist das Pontius-Pilatus-Phänomen: Man hat, so sagt man, nichts mit dem zu tun, was geschieht, wäscht die eigenen Hände in Unschuld. Die Frau weist darauf hin, daß es immer ein Mensch ist, der etwas sieht und betrachtet. Das heißt: Man kann jetzt zwei fundamental unterschiedliche Positionen kontrastieren. Der Haltung des unbeteiligten Beschreibers steht die Haltung des Mitfühlenden und Beteiligten gegenüber, der sich selbst als Teil der Welt begreift und von der Prämisse ausgeht: Was immer ich tue, verändert die Welt! Er ist mit ihr und ihrem Schicksal verbunden, er ist verantwortlich für seine Handlungen. Die Welt kann aus dieser Perspektive nicht zu etwas Feindlichem werden: Sie erscheint als ein Organ, als ein Teil des eigenen Körpers, der sich nicht abtrennen läßt. Das All und das Selbst fallen zusammen. Aus dem vielbeschworenen Angstbegriff *Kampf ums Dasein* wird ein harmonisches Zusammenspiel.

Entscheidbare und unentscheidbare Fragen

B. P. Wie läßt sich diese Haltung der Verbundenheit, wie läßt sich Ethik überhaupt argumentativ begründen? Man hat Ihnen gelegentlich den Vorwurf gemacht, Sie würden Ihre Überlegungen zur Ethik biologisch fundieren und sich damit des naturalistischen Fehlschlusses schuldig machen, da von einem Sein auf ein Sollen geschlossen wird und sich Deskription und Präskription vermischen. Die Argumentationsfigur, die man Ihnen vorwirft, lautet: Weil wir – aus wahrnehmungsbiologischer Sicht – die Welt nicht objektiv erkennen können, haben die Objektivisten unrecht, und deshalb müssen wir alle die Position der Verbundenheit einnehmen.

H. F. Den Leuten, die derartiges sagen, kann ich nur empfehlen, bei Gelegenheit meine Papiere zu lesen. Es tut mir leid, aber man findet in meinen Vorträgen oder Büchern weder den Verweis auf *das Sein* und ich spreche auch nicht von einem zu erreichenden *Sollen,* das sich dann aus diesem zu ergeben habe. Vielmehr behaupte ich, daß sich prinzipiell nicht entscheiden läßt, welche von diesen beiden Haltungen die richtigere oder die wahrere ist. Verbunden mit der Welt oder getrennt von der Welt – das ist aus meiner Sicht unentscheidbar. Und daher kommt es ausschließlich auf mich und meine Person an, für welche dieser beiden Haltungen ich votiere.

B. P. Was sind entscheidbare, was sind unentscheidbare Fragen?

H. F. Eine entscheidbare Frage wird immer innerhalb eines Rahmens entschieden, der die mögliche und jeweils richtige Antwort bereits vorgibt. Ihre Entscheidbarkeit wird durch gewisse Spielregeln und Formalismen, die man allerdings akzeptieren muß, gesichert. Der Syllogismus, die Syntax, die Arithmetik sind Beispiele derartiger Formalismen. Man gelangt im Rahmen eines logisch-mathematischen Netzwerks von einem Knotenpunkt (der Frage oder dem Problem) zu einem anderen Knotenpunkt (der Antwort oder der Lösung). So ist die Frage, ob die Zahl 2546 durch 2 teilbar ist, blitzschnell beantwortbar, da wir alle wissen, daß Zahlen, die eine gerade Endziffer enthalten, durch 2 teilbar sind.

B. P. Was sind unentscheidbare Fragen?

H. F. Das sind Fragen, die etwa von der Existenz höherer Wesenheiten, dem Sinn des Lebens, der Entstehung der Welt und dem Weiterleben nach dem Tod handeln. Sie besitzen eine Vielzahl möglicher Antworten. Wie ist, so könnte man fragen, das Universum entstanden? Wie läßt sich das entscheiden? Wenn man einen Physiker um Antwort bittet, so erfährt man: Das weiß doch jeder! Vor zehn oder zwanzig Milliarden Jahren gab es einen *Big Bang* – den Urknall – und aus dem ist unser heutiges Universum hervorgegangen. Noch heute hört man mit Hilfe von riesigen Mikrowellen-Antennen ein schwaches Rauschen, das als Nachhall des Urknalls zu deuten ist. Fragt man dagegen einen gläubigen Katholiken, so bekommt man einen präzisen Schöpfungsbericht zu hören, der jeden einzelnen Tag der Welterschaffung beschreibt. Wenn man einem indischem Hindu diese Frage vorlegt, so wird er sagen: Jedes Kind weiß, daß es einmal Schildkröten gab und auf diese Schildkröten stiegen andere Schildkröten und auf der obersten Schildkröte, da sitzen wir im Universum! So kann man nun von Mensch zu Mensch gehen, die Turkmenen, die Arapesch und die Eskimos fragen – und immer wird man von ihnen erfahren, wie und auf welche Weise das Universum entstand. Wie soll man feststellen, wer recht hat? Diese Frage kann nicht entschieden werden, aber ihre Beantwortung ist eine Möglichkeit, etwas über den Antwortenden zu erfahren. Kurzum: *Sage mir etwas über den Ursprung des Universums, und ich sage dir, wer du bist!* Wenn mir jemand von den Schildkröten erzählt, dann weiß ich: Aha! Ein Hindu! Wenn mir ein anderer vom *Big Bang* berichtet, dann sehe ich, wen ich vor mir habe: Aha, so kann ich mir denken, du bist ein Physiker!

B. P. Könnte man sagen, daß die unentscheidbare Frage so etwas wie ein *evokatorisches Geheimnis* darstellt: Sie evoziert die Merkmale unseres Denkens, sie macht unsere weltanschauliche Gebundenheit sichtbar und klar.

H. F. Ich würde nicht von einem Geheimnis sprechen, da ein Geheimnis nur dann ein Geheimnis ist, wenn es auch eine Antwort besitzt, die sich womöglich irgendwann offenbart. Man weiß etwas *noch nicht.* Aber die unentscheidbaren Fragen, von denen ich spreche, sind prinzipiell unlösbar; und daher würde ich keine neuen Ausdrücke erfinden, sondern diese sprachliche Form beibehalten, da die Rede von der Unentscheidbarkeit als eine Einladung zur Entscheidung zu verstehen ist. Man ist selbst aufgerufen, die Wahl zu treffen. Entscheidbare Fragen sind durch den gesetzten Rahmen in einem gewissen Sinne bereits entschieden; man kann lediglich gemäß der vorgegebenen Spielregel die Antwort finden. Aber nur die Fragen, so lautet mein metaphysisches Postulat, die im Prinzip unentscheidbar sind, können *wir* entscheiden.

B. P. In welchem Sinne verwenden Sie den Begriff der Metaphysik?

H. F. Ich behaupte: Wir sind Metaphysiker – ob wir uns so nennen oder nicht –, immer dann, wenn wir Fragen entscheiden, die im Prinzip unentscheidbar sind. Und ich meine, daß wir dies im Fluß des Daseins permanent tun: Immer und immer wieder entscheiden wir unentscheidbare Fragen, die sich (aufgrund ihrer logischen Struktur, einer fehlenden Beobachtbarkeit usw.) nicht eindeutig klären lassen. Schon wenn jemand über die Vergangenheit spricht, votiert er für eine mögliche Version eines Geschehens: Er weiß ja nicht, wie es war; er weiß nur, an was er sich erinnert.

B. P. Meinen Sie, daß wir, wenn wir über die Vergangenheit reden, immer nur über unsere Konstruktion sprechen?

H. F. Ja; jede Geschichte und jedes Ereignis der Vergangenheit kann aus ganz unterschiedlichen Perspektiven beschrieben werden. Woher will man wissen, welche die richtige, welche die korrekte Version eines Geschehens ist? Die Vergangenheit ist nicht rekonstruierbar, sondern nur *von uns* mit Hilfe der Sprache beschreibbar. *Was war, ist weg.* Es ist irrsinnig komisch, wenn man die amerikanischen Lehr- und Geschichtsbücher für die Vorschule, die Mittel- und die Hochschule miteinander vergleicht: Jede Geschichte, die scheinbar von ein und demselben Ereignis handelt, ist eine andere. Allerdings sind sich die Menschen – in diesem Fall: die Autoren dieser Beiträge – nicht immer bewußt, daß sie eine Entscheidung darüber getroffen haben, was gewesen sein soll. Man muß sich jedoch klarmachen, daß wir dauernd Entscheidungen dieser Art treffen. Ich würde sogar sagen, daß die Frage unentscheidbar ist, ob sich ein Experiment finden läßt, das eindeutig erweist, ob es sich um eine unentscheidbare Frage handelt. Das Problem der Unentscheidbarkeit läßt sich sogar auf der Ebene der zweiten Ordnung nicht lösen.

B. P. Wie gelangen wir jetzt von diesem Exkurs wieder zu jener Haltung des Verbundenseins mit der Welt, über die wir sprachen?

H. F. Ich kann es nur wiederholen. Meine Behauptung ist, daß sich die Frage, ob wir von der Welt getrennt oder mit ihr verbunden sind, prinzipiell nicht endgültig klären läßt. Wenn Sie ein Experiment erfinden können, das sie entscheidbar macht, dann schreiben Sie mir bitte einen Brief. Aber ich glaube, das ist unmöglich. Wir können uns nur für eine dieser beiden Haltungen entscheiden und für unsere Wahl die Verantwortung übernehmen.

B. P. Auf diese Weise wird auch das Problem der Begründbarkeit Ihrer ethischen Position auf eine ganz elegante Weise gelöst: Man entscheidet sich für die Position des Verbundenseins mit der Welt;

diese Entscheidung ist die Begründung, ist das Fundament. Das heißt: Die Begründung der Ethik ist in diesem Fall *selbst* eine ethische Entscheidung.

H. F. Das ist die Idee, ganz genau. Und in dem Moment, in dem ich eine unentscheidbare Frage entschieden habe, kommt die Verantwortung ins Spiel. Man entschließt sich, die Dinge, die Welt und seine Mitmenschen auf eine besondere Weise zu betrachten und entsprechend zu handeln. Man wird verantwortlich für die Entscheidung, die man getroffen hat und die einem niemand abnehmen kann.

Verantwortung für die Welt

B. P. Ist die Vorstellung, daß sich jeder einzelne mit dem Schicksal der Welt verbindet, nicht auch eine enorme Überlastung? Wie kann man sich für das Leid in ganz anderen Teilen der Welt verantwortlich fühlen?

H. F. Natürlich geschieht viel Entsetzliches, aber es gibt auch die vielen unbeachteten kleinen und großen Heldentaten, denen man seine Aufmerksamkeit schenken kann. Das Entsetzen, das einen erfaßt, wenn man das Morden in manchen Teilen der Welt sieht, läßt sich vielleicht durch die Beachtung der vielen guten Taten, die es eben auch gibt, etwas mildern. Und man kann einfach nicht alles tun, man kann – das ist ganz klar – nicht allen helfen; die eigenen Kräfte sind begrenzt. Aber zumeist läßt sich doch in der konkreten Situation, in der ein einzelner gerade steht, etwas tun; das ist alles, was einem Menschen möglich ist: Er vermag nur in der ihm zur Verfügung stehenden Welt zu agieren.

B. P. Aber die Welt besteht doch heute nicht mehr aus meinem direkten Umfeld, sondern sie hat sich auch in unserer Mentalität und in unserer Wahrnehmung globalisiert: Wenn wir von der Welt sprechen, so meinen wir nicht das Dorf unserer Geburt, die eigene Nachbarschaft, die Stadt, in der wir heute leben, sondern den Planeten, die Erde. Wir sehen, daß wir, indem wir ein Flugzeug benutzen und eben auf unsere Weise existieren, an der Zerstörung der

Erde teilhaben. Das bedeutet, daß einen diese Idee von Verbundenheit vor dem Hintergrund der globalen Zerstörung in die Verzweiflung stürzen kann.

H. F. Bedenken Sie, daß es auch möglich ist, dieses Verbundensein auf eine weniger verzweiflungsfördernde Weise zu begreifen. Man kann sich zerstören lassen durch das Ausmaß des Schreckens, das ist schon richtig, aber man kann auch versuchen, sich zu retten und sich aufzurichten, indem man die Unendlichkeit der Güte betont, die sich auf der gesamten Welt entdecken läßt. Genauer oder anders kann ich jetzt einfach nicht antworten; man müßte eine poetische Form finden, ein Gedicht schreiben, um das, was ich sagen möchte, auszudrücken.

B. P. Wenn man diese Idee von der Verbundenheit mit dem anderen und dem Lebendigen betrachtet und ihren Ort in einem gegenwärtigen Diskurs aufsucht, dann entdeckt man sie vor allem in der *New-Age*-Szene. Mir scheint, daß hier gegenwärtig eine Art *Vernetzungstheologie* im Entstehen ist: Es entwickelt sich eine Talmi-Religion aus Spiritualität und Wissenschaft, die eine neue Verehrung des Zusammenhangs fundieren möchte.

H. F. Das ist das Guru-Problem und der Versuch mancher Menschen, ihre Verantwortung wieder abzugeben, indem sie sich einer Lehre oder einer bestimmten Person ganz und gar unterordnen. Es ist das Ende des Zweifels, über das wir jetzt sprechen, das Ende des Sichbesinnens auf den eigenen Weg. Natürlich ist es viel bequemer, sich an die Rockschöße eines Gurus, eines Führers oder einer großen Idee zu klammern; man braucht nicht mehr nachzudenken und kann sich ganz und gar einer Welt ergeben. Meine Lehre ist, so möchte ich hinzufügen, daß man keine Lehre akzeptieren soll. Das ist natürlich ein Paradox, aber ein sehr dynamisches. Bei irgendeinem meiner Vorträge habe ich einmal gesagt: „Meine Damen und Herren, bitte glauben Sie kein Wort von dem, was ich Ihnen jetzt erzählen werde!" Alle haben gelacht und mir offenbar geglaubt, daß sie mir nicht glauben sollen. Aber ich meinte es durchaus ernst.

B. P. Welche Sprache oder Form läßt sich finden, um zu verhindern, daß ein Gedanke oder eine Idee zu einer Heilslehre wird?

H. F. Ich habe in diesem Zusammenhang immer wieder vorgeschlagen, zwischen Ethik und Moral zu unterscheiden. Meine Auffassung ist: Moral ist explizit, Ethik sollte implizit bleiben, sie sollte in die Handlungen eines einzelnen gewissermaßen eingewoben sein. Moral ist, so meine ich, eine Angelegenheit des autoritären Appells, der Predigt, der Vorschrift. Man sagt dem anderen, wie er sich zu verhalten hat, man oktroyiert eine Lehre und schafft ein Zwangssystem, um die eigene Macht zu vergrößern. Ich möchte hier an den *Tractatus* erinnern, in dem Ludwig Wittgenstein schreibt: „Wenn ein ethisches Gesetz der Form ‚Du sollst' aufgestellt wird, dann ist der erste Gedanke: ‚Und was dann, wenn ich es nicht tue?'" Die Rede von einem „Du sollst!" evoziert sofort den Gedanken an Strafe. Wenn sich Ethik in Moral oder Moralismus verkehrt, dann wird aus dem Eintreten für ein Ideal eine Strategie der Unterwerfung. Meine Auffassung ist, daß es immer nur um „Ich soll!" geht, denn nur über meine eigenen Handlungen kann ich verfügen, aber nicht über die des anderen. Mir erschiene es absurd, die Idee der Verbundenheit zu einem ethischen Gesetz auszurufen.

B. P. Es ist wohl kein Zufall, daß sich die *New-Age*-Bewegung für diese Idee interessiert. Denn dieses Sichverbundenfühlen mit der Welt ist auch eine Vorstellung, die einem in der Schilderung mystischer Erfahrungen begegnen kann: Man verschmilzt mit der Welt, dem Kosmos, dem Universum.

H. F. Für mich sind diese mystischen Erfahrungen gar nicht mystisch; ich lebe ständig mit ihnen und versuche, meine Mitmenschen auf Erlebnisse dieser Art aufmerksam zu machen, die zu ihrem Alltag gehören. Wachen wir doch auf, um die sich ununterbrochen entfaltenden Rätsel und Wunder der Welt wahrzunehmen, über die wir in unserem Leben ständig, ohne sie zu sehen, hinweggleiten. Natürlich, die sogenannten Mystiker, für die das alltägliche Leben nichts Erstaunliches und Wunderbares ist, die müssen sich zurückziehen, um das Erstaunliche der Existenz als etwas Besonderes zu qualifizieren und zu sagen: Um Himmels willen, jetzt hatte ich ein mystisches Erlebnis! Jetzt hatte ich eine Erscheinung! Für mich ist es erstaunlich, daß manche Menschen offenbar so lange brauchen, um zu sehen, daß die Welt immer und in jedem Moment so voller Wunder ist.

B. P. Gibt es in Ihrem Leben die *Erfahrung* des Verbundenseins? Es führt uns vielleicht etwas weg, aber der Schriftsteller Kurt Maix hat einmal über eine gemeinsame Bergtour geschrieben, die er mit Ihnen unternommen hat. Und wer schon einmal Bergsteigen war, der weiß, daß man hier am Seil geht, das einen mit dem anderen verbindet: Das gemeinsame *Am-Seil-Gehen* erscheint mir als eine Konkretion der Idee von Verbundenheit.

H. F. Das führt uns gar nicht weg. Die Idee der Seilschaft stiftet ein unglaubliches Zusammengehörigkeitsgefühl, es ist ein gutes Beispiel. Man schlägt einen Karabiner in die Felswand, durch den das Seil, das zwei Menschen verbindet, läuft. Und es gibt ein Erlebnis mit Kurt Maix, über das er geschrieben hat; vielleicht haben Sie davon gehört. Wir waren einmal, zusammen mit seiner Freundin und einem berühmten alten Bergsteiger, gemeinsam in der Torstein-Südwand unterwegs. Sie besteht aus 1600 Metern glattem und steilem Fels. Kurt Maix, der uns führte, passierte schon am Morgen ein Malheur, er versuchte, über eine sehr schwierige und ganz glatte Stelle zu klettern, rutschte aus und stürzte in die Tiefe. Es rissen der erste und der zweite Haken, die Maix in die Felswand geschlagen hatte; aber – Gott sei Dank! – der letzte Haken hielt. Das Seil, das ihn mit seiner Freundin verband, hat ihn gerettet. Ich mußte über diese praktisch unpassierbare Stelle klettern, um das Seil zu entfernen, um Kurt Maix zu helfen. Das Interessante war, daß ich diese Stelle etliche Male passieren konnte: Meine Aufmerksamkeit war so stark auf diesen anderen Menschen, der mit einer schweren Schädelverletzung an diesem Seil hing und pendelte, gerichtet, daß ich vergaß, daß man hier eigentlich gar nicht klettern konnte. Es dauerte den ganzen Tag, bis wir ihn abgeseilt und schließlich mit einer Tragbahre nach unten gebracht hatten.

B. P. Wenn ich diese Vorstellung weiterspinne, dieses gemeinsame Am- Seil- Gehen, dann könnte man sagen, daß dies eine wunderbare Metapher für die Idee der Verbundenheit ist, über die Sie gesprochen haben: Man hält sich gegenseitig, so daß man nicht fällt und stürzt.

H. F. Das ist eine sehr schöne Metapher, absolut. Aber viele Leute sehen diese Verbindung nicht, sie schneiden die Seile durch – und stürzen in die Tiefe. Aber gemeinsam am Seil zu gehen, heißt, daß wir ganz und gar eins sind. Man trennt sich nicht, sondern ist verbunden mit der Welt und dem anderen, der einen nicht fallenläßt. Und was dir geschieht, geschieht mir. Und was mir geschieht, geschieht dir. Und da schenkt dir jemand sein Leben, und du schenkst ihm deines.

Über die Autoren

Heinz von Foerster (1911–2002), war nach dem Studium der Physik in Wien in verschiedenen Forschungslaboratorien tätig, bevor er 1949 in die USA übersiedelte. An der Universität von Illinois gründete er das inzwischen legendäre Biologische Computer-Laboratorium – die Wiege jener Erkenntnistheorie, die später unter der Bezeichnung „Konstruktivismus" für Aufsehen sorgen sollte. Zahlreiche Buchveröffentlichungen, darunter: *Wie wir uns erfinden. Eine Autobiographie des radikalen Konstruktivismus* (zus. mit Ernst von Glasersfeld, 5. Aufl. 2015) und *Teil der Welt. Fraktale einer Ethik* (zus. mit Monika Bröcker, 4. Aufl. 2019).

Bernhard Pörksen, Prof. Dr., ist Professor für Medienwissenschaft an der Universität Tübingen. Er analysiert die Inszenierungsstile in Politik und Medien und beschäftigt sich – forschend, lehrend, beratend – mit der Macht digitaler Öffentlichkeit und der Zukunft der Reputation. Seine Bücher über das konstruktivistische und systemische Denken (u. a. mit Humberto Maturana) wurden in mehrere Sprachen übersetzt. 2008 wurde er zum „Professor des Jahres" gewählt und für seine Lehrtätigkeit ausgezeichnet. 2014 veröffentlichte er – gemeinsam mit dem Kommunikationspsychologen Friedemann Schulz von Thun – den Bestseller *Kommunikation als Lebenskunst.*

Ruth Seliger

Systemische Beratung der Gesellschaft

Strategien für die Transformation

226 Seiten, Kt, 2022
ISBN 978-3-8497-0400-1

Veränderungsprozesse leben vom Engagement der Beteiligten. Wo sie ganze Länder betreffen, sind das neben der Zivilgesellschaft vor allem Unternehmen und gesellschaftliche Institutionen. Die Kraft für solche Prozesse entsteht im Spannungsbogen zwischen den Analysen von Expert:innen einerseits und den Visionen und Zielen der Handelnden andererseits. Dazwischen klafft häufig eine Lücke – an den Herausforderungen, vor denen die Menschheit aktuell steht, lässt sich das bestens beobachten. Wie kommt man von der Analyse zu einer Strategie der Umsetzung so wichtiger Ziele? Wie werden wir wirksam? Ruth Seliger beschäftigt sich als Organisationsberaterin seit Jahrzehnten mit Veränderungsprozessen und Musterwechseln in hochkomplexen Systemen. In diesem Buch verbindet sie ihre praktische Erfahrung in der Gestaltung von Strategien und deren Umsetzung mit einem systemischen Blick auf Organisationen, Führung, Change-Management und Gesellschaft.

Das Buch startet mit einer Bestandsaufnahme der Herausforderungen und notwendiger Veränderungsprozesse im Hinblick auf Ökonomie, Ökologie und Demokratie. Im Anschluss stellt die Autorin konkrete Formen der Prozessgestaltung und Strategieentwicklung für gesellschaftliche Veränderungen vor und fasst sie in anschauliche Modelle. Am Ende ergibt sich daraus ein Instrumentarium für mehr oder weniger radikale Transformationen, das allen engagierten Menschen und Organisationen „zur freien Entnahme" zur Verfügung steht.

Carl-Auer Verlag • www.carl-auer.de